決定版
ランチェスター戦略が
マンガで3時間でマスターできる本

ランチェスター協会
名誉会長
田岡佳子

Lanchester Strategy

TAOKA Keiko

はじめに

この本を手に取ったみなさんは『ランチェスター戦略』というものをご存知でしょうか。「社長がそんなことを言っていたな」「そう言えば、セミナーで耳にしたな」と思っている方もいらっしゃるかもしれません。

ランチェスター戦略は、空中戦における損害量から導き出された「競争の科学」です。第一次大戦中にイギリスで生まれたこの軍事戦略は、アメリカで体系化され、日本で完成しました。今は亡き私の夫、田岡信夫が戦後の日本に広めたのです。

私は田岡信夫の遺志を継ぎ、ランチェスターの思想を一人でも多くの方に伝えたいと思っています。

ランチェスター戦略の本は、いくつかの出版社から出ていますが、30年間で累計５００万部以上の売上を記録している隠れた超ロングセラーです。

この戦略は「営業」だけではなく、「経営」「マーケティング」「販売促進」など、あらゆるビジネスの場で応用できます。

50～60代の会社のトップや管理職にはなじみ深いものでも、20～30代の若年層には新鮮な理論としてうつるかもしれません。この本は、そういう若い世代に向けて書かれています。

本書は、一つひとつの項目を文章とマンガで丁寧に説明しています。見開き2ページ完結で、わかりやすく理解しやすい構成にしました。

若手の社員さんだけでなく、チームを引っ張る管理職や経営層の皆さまにも、もう一度基礎から読み直していただければ、こんなに嬉しいことはございません。

新しい元号が誕生するこの年に、ランチェスター戦略が装いを新たに発売されることを大変光栄に思います。

本書を世に広めていただける機会を与えて下さいました明日香出版社の石野栄一社長をはじめ、わかりやすい文章に仕上げてくださいました天才工場の吉田浩さん、おしゃれなマンガをつけて下さいましたイラストレーターの飛鳥幸子さんにお礼を申し上げます。

また、本書の制作に関して、有形無形の援助をたくさんの出版社よりいただきました。謹んでお礼申し上げます。

2019年3月

ランチェスター協会名誉会長
田岡　佳子

第2章 弱者でも勝てる戦略

第3章 ランチェスター戦略で占拠率を高める

第4章 戦略的な市場参入とは

第5章 情報戦で勝つための戦略

第6章 ビジネスで勝つための地域戦略

第7章 地域特性の例

第8章 差を付けるための時間管理

第9章

新規開拓の攻略法

第10章 営業マンのやる気を高める

第11章 インターネット時代のランチェスター戦略

◎装丁　大場君人
◎マンガ　飛鳥幸子
◎制作協力　（株）天才工場　吉田浩

本書は、2001年に小社より発売された『ランチェスター戦略がマンガで3時間でマスターできる本』を時代に合わせて改訂したものです。

第1章

ランチェスターの法則とは何か

001 勝つための科学

◎サバイバル・ゲームが始まった

近年、市場が成熟し、グローバル化が進んだ結果、商品やサービスの差別化が困難になっている。そのような市場で勝つためには、戦略的なビジネスを展開する必要がある。

しかし、ビジネスにおける戦略は、過去の成功例をそのまま真似てもうまくいくとは限らない。**既に市場占有率が高く巨大な資本力を持つ企業に、同じ戦略では太刀打ちできない**のだ。

そこで、企業の規模ごとに戦略を立てる必要が生じる。

また、戦略が必要であることは、個々のビジネスパーソンにも当てはまる。自分の置かれた環境や動かせる資金、ライバルの規模などを考慮せずに闇雲に努力しても成果を出せるとは限らないのだ。

ビジネスには経験や勘も必要だが、確実に勝つためのノウハウを知ることも重要になってくる。

◎科学的な方法で勝つ

例えば、商品やサービスを売るためには、どのような商品やサービスが求められているのかを把握しなければならないし、効果的な販売方法や宣伝方法も考えなければならない。

戦略を立てずに運任せに動き出してしまうと、無駄な努力とコストを生じてしまう可能性が大きい。

そこでマーケティングを行い、売れる商品やサービスを的確に把握した上で生産計画を立て、ターゲットを明確にして確実に訴求して販売できる計画を立てる必要がある。

◎戦略とは連続的かつ長期的に勝ち続けること

そこで本書では、第一次世界大戦中に勝つための科学として編み出された戦闘方法を、故・田岡信夫《たおかのぶお》が販売戦略に応用した「ランチェスター戦略」を紹介する。ランチェスター戦略は、これまでに多くの企業の経営戦略に影響を与えてきた。

それは、ランチェスター戦略が、**ビジネスにおける競争に、運任せや根性論で立ち向かうのではなく、科学的な戦略により勝利することを目指しているため**だ。

“科学的”に勝つ！
勝ち続けるための戦略　―― それがランチェスター戦略だ。

002

ランチェスターが見つけた法則

◎エンジニアとしての成功

ランチェスター戦略を考案したフレデリック・ウィリアム・ランチェスターは、1868年にイギリスのロンドンで生まれた。ハートレイ技術専門学校（サザンプトン大学の前身）を卒業後、ガスエンジン制作会社に就職し27歳で退職している。31歳で「ランチェスター・エンジン会社」を創業して「ランチェスター」ブランドの自動車を製造販売した。しかし40歳で会社を売却すると、45歳で「ランチェスター技術研究所」を設立。

その後に執筆した**「集中の法則」**というテーマのレポートが、後にランチェスターの法則として世に知られるようになる。

◎空中戦から法則を導き出す

ランチェスターが「ランチェスター技術研究所」を設立した年に第一次世界大戦が勃発し、初めて戦闘機が空中戦を行った。戦闘機の空中戦に興味を持った彼は、投入された戦闘機数と損害の大きさの関係について研究を始める。

研究は地上戦にも対象範囲を広げ、投入兵力と損害の間の関連性を研究した。

その結果、古典的な**一騎打ちの寄せ集めの戦闘**における法則を1次式で表せるとした第一法則と、近代的な兵器を使用した**集団的かつ近代的な戦闘**を2次式で表せるとした第二法則を発見した。

◎ビジネスに活かされる戦略

ランチェスターの法則は、太平洋戦争でも米軍が日本軍に対して応用し、作戦内容や兵器の開発製造・投入に関する戦略に影響を与えた。

戦後はランチェスターの法則が経営戦略にも応用され、**フォルクスワーゲン**のセールス戦略もこの法則で説明できるとされている。

その後も、黄金期を迎えたフォードからシェアを奪回した**GM**や、日本に上陸して大人のアイスクリーム市場を開拓した**ハーゲンダッツ**、国内ではインターネット回線の価格破壊を起こした**ソフトバンク**など枚挙にいとまがない。

ランチェスター戦略は太平洋戦争で米軍が日本軍に対して応用したり、戦後は名だたる企業が経営戦略に取り入れている。

003 勝つための戦略と戦術

◎目に見えない戦略と見える戦術

戦争においても市場競争においても、勝つためには戦略と戦術が必要になる。それでは戦略と戦術との違いは何だろうか。

まず**戦略は、勝つための方法を長期的かつ大局的に策定すること**である。戦争では敵に勝つために最適な方法を、状況や条件、場面、範囲の組み合わせて編み出すことを示す。

ビジネスで言えば、市場競争で勝つために経営資源をどのように活用し、組織をどのように運用していくかを、長期的かつ総合的に計画したシナリオを作成することだ。

一方、**戦術は、戦略を達成するために、実際に兵を動かすための実行方法を示す**。ビジネスで言えば実際に戦略に基づいて企画された商品を開発・製造することや、これを売るための広告・宣伝活動、販売活動を行う方法を示す。

つまり、**戦略は意思決定という目に見えない活動**だが、**戦術は行動という目に見える活動**であるとも言える。

◎戦略は「桃のタネ」

この戦略は、目に見えない活動であることから「桃の種」に喩えられる。

桃のタネに喩えられる理由は三つある。

一つめは、**外からは見えない**ということだ。戦争における戦略も、ビジネスにおける戦略も、それが戦術に移されるまでは相手からは見えない。

二つめは、**硬くて割れない**ことを示している。つまり、戦略は長期的・大局的に打ち立てられるものであり、一度打ち立てたら簡単には変更すべきではないことを示している。また、簡単に割れてしまうようでは、組織の意思統一が困難である。

そして三つめは、**美しくない**ということだ。桃の実の外観は綺麗で美味しそうだが、その中心にある種は細かな凹凸があり、色も美しいとは言えない。

戦略も同様に、相手の裏をかいたり奇襲で混乱させたりするなど、決して綺麗事ではないということである。

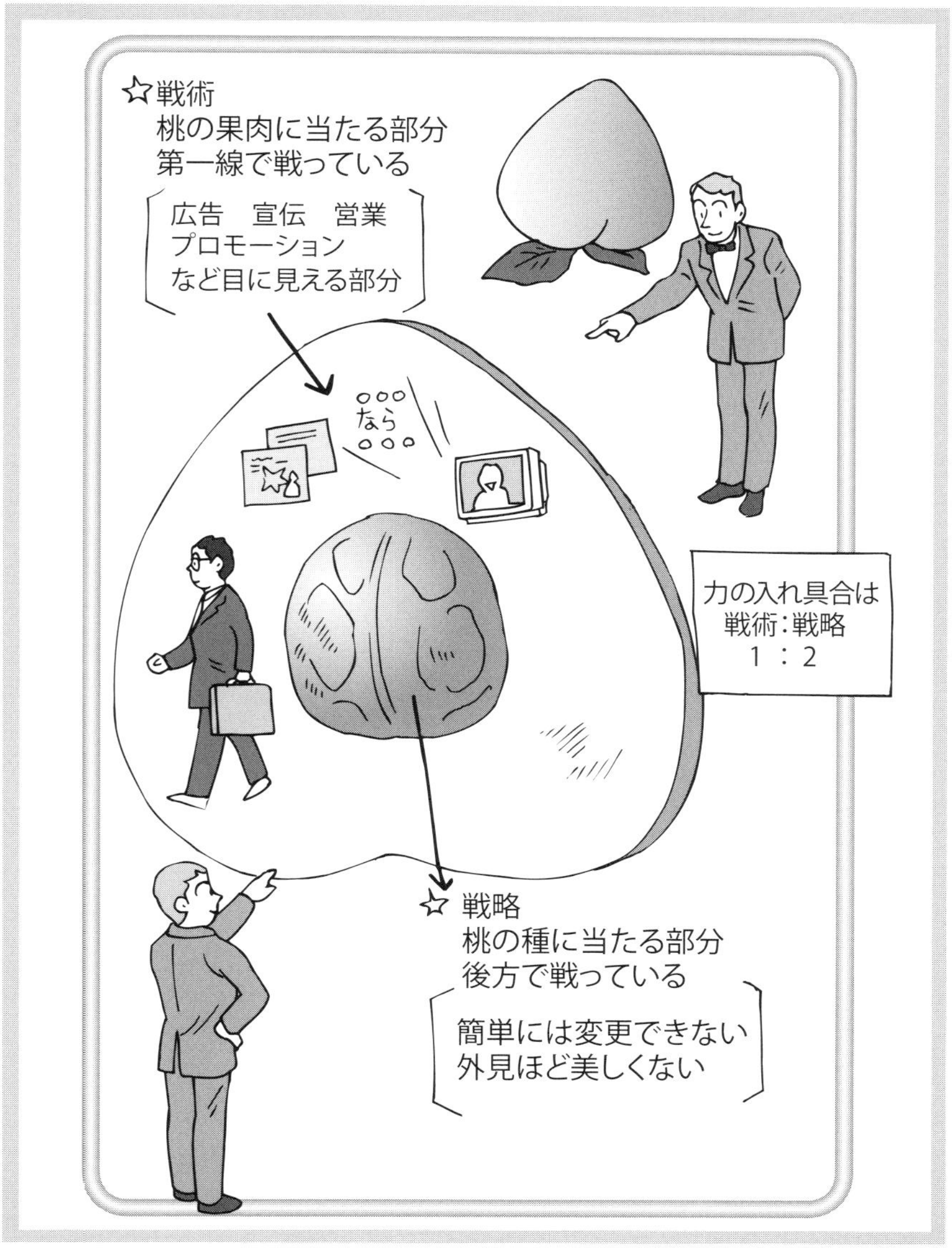

戦略とは、勝つための方法を長期的・大局的に策定すること。
戦術とは、戦略を達成するために、実際に行動する方法のこと。

004 一騎打ちに見るランチェスターの第一法則

◎**一騎打ちの法則**

ランチェスターの第一法則は「**一騎打ちの法則**」とも呼ばれる。これは、剣や弓、槍、ライフルなど、一度に一人が一人を相手にすることしかできない戦いを前提としているためだ。

このような一騎打ちの戦いでは、お互いの武器の性能に差がない場合は、単純に兵士の数が多い方が有利になる。

例えばA国の軍隊が1万5千人の兵士で、対するB国の軍隊が1万人の兵士を動員して、同じ威力の兵器で一騎打ち型の戦闘を行った場合、お互いに1万人ずつは相打ちで戦死し、A国の軍隊は5千人が生き残り勝利となる。

◎**勝つにはどうすれば良いか**

前述のランチェスターの第一法則を式で表すと次の通りだ。

A国の戦闘前の兵数をA、戦闘後の兵数をaとする。B国の戦闘前の兵数をB、戦闘後の兵数をbとする。そして武器の性能比をEとすると次の式が成り立つ。

A－a＝E（B－b）

E＝B国の武器性能÷A国の武器性能

武器の性能が同じであれば、E＝1となる。

そしてA国の兵士は5千人残りB国の兵士は全滅して0人になったことを右の式に当てはめると、次の式が成り立つ。

1万5千－5千＝1（1万－0）

この式から、B国の兵士の人数は増やせないままに5千人が生き残るように勝つためには武器の性能をどのくらい高める必要があるだろうか。この値を導き出すにはb＝5千とすれば良いので、次の式になる。

1万5千－5千＝E（1万－5千）

ここからEの値を求めると、

1万＝5千E

E＝2

となる。

つまり、**B国の兵士がA国の兵士よりも2倍の性能を持った武器で戦えば勝てることが導き出される。**

ランチェスターの第一法則　→　A－a＝E（B－b）
一度に一人が一人を相手にする「一騎打ちの法則」

005 確率戦に見るランチェスターの第二法則

◎確率戦の攻撃力は兵士数の二乗

ランチェスターの第一法則では前近代的な武器による一騎打ちを前提としていたが、近代戦では機関銃や大砲など、一人で多数の敵を攻撃し合うことになるため前提が変化する。そこでランチェスターの第二法則が登場する。

例えば機関銃を使った場合、一騎打ちとは異なり、お互いに誰の機関銃が何人の敵を攻撃しているのか分からない。つまり確率戦になるのだ。

ここではよりわかりやすいようにA国の兵士が十人、B国の兵士が五人とする。お互いに同じ性能の機関銃を使用したとする。

一斉に攻撃を開始すれば、A国の兵士十人の中の一人が受ける攻撃量は、B国の兵士五人からの攻撃の10分の1となる。一方、B国の兵士五人の中の一人が受ける攻撃量はA国の兵士十人からの攻撃の5分の1となる。これを比率で表すと次のようになる。

A国兵士が受ける攻撃量：B国兵士が受ける攻撃量＝10分の1×5：5分の1×10＝25：100

つまり、お互いに相手の兵士数の2乗の攻撃量を受けることになり、近代戦で負けることのダメージの大きさが分かる。

◎第二法則の数式

ランチェスターの第二法則を式で表すと次の通りだ。

$$A^2-a^2=E(B^2-b^2)$$

この式から、A国がB国を全滅させたときにA国に残る兵士数aを求めるには次の式に変換する。

$$a^2=A^2-E(B^2-b^2)$$

$$a=\sqrt{\{A^2-E(B^2-b^2)\}}$$

同じ性能の機関銃を使ったとすればE＝1となるので、A国の兵士十人とB国の兵士五人を式に当てはめて、B国が全滅（つまり兵士0人に）させるには次の式が成り立つ。

$$a=\sqrt{\{100-(25-0)\}}=\sqrt{75}=8.66$$

この数字が示しているのは、A国の兵士十人がB国の兵士五人を全滅させたときでも、A国は八人以上も生き残るということだ。

ランチェスターの第二法則　→　$A^2 - a^2 = E (B^2 - b^2)$
一人で多数の敵を攻撃し合う「確率戦」

006

ビジネスに活かされるランチェスターの法則

◎企業間の占有率を上げるための法則

ランチェスターの法則について基本的なことを紹介したが、それではこれがビジネスにおいてどのように活用されうるのであろうか。特に、自社のビジネスにおいてどのように役立つのであろうか。

ランチェスターの法則をビジネスに応用する際にテーマとなるのは、**市場の占有率を上げること**である。

ただし、主体となる企業の規模や立ち位置により、第一法則と第二法則の使い分けが必要になってくる。

◎自社の戦略は第一法則か第二法則か

ここで第一法則と第二法則の前提を確認しておこう。

第一法則が有効な前提は次の通りだ。

- **敵の兵力が視界に収まる局地戦**
- **一騎打ちを基本とする戦闘方法**
- **接近戦**

次に、第二法則の前提は次の通りだ。

- **敵の兵力が視界に収まらない広域戦**
- **近代兵器により、一人が複数を攻撃し合う確率戦**
- **遠隔戦**

これらの前提を、自社の規模や立ち位置と、相手の企業の規模や立ち位置に当てはめることで、第一法則と第二法則のどちらで戦いを挑むべきかを見定める必要がある。

◎市場において強者か弱者かで戦略が変わる

第一法則と第二法則のどちらの支配を受けた戦いになるかを判断するためには、**自社が市場において強者であるか弱者であるかを判断する必要がある。**

もし自社が強者であれば、第二法則に則った戦い方が有効だが、相手企業が強者であった場合は、まともに立ち向かっては負けてしまう危険がある。

また「強者」と「弱者」の立場は常に変化する。例えば、今ではコンビニエンスストア業界で強者となっているセブンイレブンも、１９９６年に大阪に進出した当時はローソンに対して弱者だった。しかし弱者の戦略で立場を逆転させたのである。

まずは、自社が市場において強者であるか、弱者であるかを判断する必要がある。

007

強者の戦い方、弱者の戦い方

◎戦略により勝ち方も変わる

第一法則と第二法則では、どちらの法則下で戦うかにより、勝ち方の効率や負けた際のダメージに大きな差がでる。

例えば、第一法則の下にA国の兵士十人とB国の兵士八人が戦ってB国の兵士を全滅させた場合、武器の性能が同じであれば、第一法則の$A-a=E(B-b)$に当てはまり、これに各兵士の人数を当てはめれば$10-a=1(8-0)$であるから、$a=2$となる。

つまり、A国の兵士は二人しか残らず、勝つとはいえダメージが大きいことが分かる。

しかしA国が強者であり広域での確率戦が行えるのであれば、第二法則の下に戦うことで自国軍のダメージを小さくすることができる。その場合は$A^2-a^2=E(B^2-b^2)$が適用されるので、次の計算になる。

$10^2-a^2=1(8^2-0)$

$a^2=10^2-8^2$　$a=6$

すなわち、A国の兵士は六人も残ることになる。

従って、強者にとっては、第二法則の下に戦う方が効率よく勝てることになる。一方、弱者は負けたときのダメージが大きくなる。

◎強者／弱者がとるべき戦略（戦法）

そこで強者は第二法則に則って、次の戦略を採用すれば良いことになる。

- **広域の総合戦**
- **一人が多数を攻撃できる確率戦**
- **遠隔的に攻撃できる戦い方**
- **大量の兵力と物量による総合主義**
- **敵を有利な戦場に誘い出す誘導戦**

一方、弱者は第一法則に則り、次の戦略を採らねばならない。

- **敵が戦力を総動員できない局地戦**
- **数で押されない一騎打ち戦**
- **遠隔からの攻撃を受けない局地戦**
- **限られた兵力を集中させる一点集中主義**
- **敵の裏をかく陽動戦**

強者は第二法則、弱者な第一法則に則って戦う。

008

ランチェスター戦略モデル式とは

◎ランチェスターの法則を役立てたアメリカ軍

ランチェスターはイギリス人だが、彼の法則を実践に応用して戦果を上げたのはアメリカ軍だった。

コロンビア大学のB・O・クープマンたち数学者が、ランチェスターの法則により実戦的な要素を加えたことで、戦闘力を高める軍事シュミレーションモデルとして「ランチェスター戦略モデル式」を開発したのだ。

そこには、戦況が刻々と変化することを踏まえて次の四つの基本的要素が考えられた。

・敵と味方の兵力数は、戦闘の最中も消耗と補給により常に変化する。

・敵と味方の兵器は、常に相手よりも優位に立とうとして生産され続け、改良され続ける努力が行われている。

・国家の生産力は敵の戦略力と自国の防衛力に左右され、国家の生産力は戦闘における後方からの補給力に影響し、補給力は戦闘力を左右する。

・敵と味方の生産率は刻々と変化するため、ランチェスターの法則における武器効率（E）を生産率の比に置き換え、戦闘力を間接的な戦闘力である「戦略力」と直接的な戦闘力である「戦術力」に分けて考える。

このような考え方から、**ランチェスターの戦略モデル式とは、両軍の損害が均衡する状態を表わした方程式**となる。

◎「戦略力」と「戦術力」

近代戦においては、武器の開発力や生産力、物資の補給力など、直接戦闘には関わらないが兵器の性能や数を規定する重要な要素である。そのため、これらを「間接的な戦闘力」とし、その結果としての兵器の性能や数、兵士の数などを「直接的な戦闘力」と考えた。

そしてクープマンらの功績は、これらの**「間接的な戦闘力」と「直接的な戦闘力」を「戦略力」と「戦術力」という二つの力関係に分けて軍事シュミレーションモデルを行えるようにした**ことだ。

近代戦においては、武器の開発力や生産力、物資の補給力など、直接戦闘に関わらない間接的な戦闘力＝戦略力が重要だ。

009

戦闘力を決める戦略力と戦術力

◎「戦略力」と「戦術力」の配分

クープマンらが考案した「ランチェスター戦略モデル式」が画期的だったのは、実際の国家間の戦闘においては、兵器の生産や改良・開発努力が継続されており、前線には補給が行われていることを考慮した点だ。

これに対してランチェスターの法則はいたってシンプルで、戦闘における初期兵力だけが想定されていた。

さらに、「ランチェスター戦略モデル式」では、戦闘力を「戦略力」と「戦術力」に分け、その結果として全戦闘力のうち**「戦略力」に3分の2を、「戦術力」に3分の1を配分することで、最小限の損害で最大限の成果を達成することができる**ことを見いだした。

◎B29が「戦略」爆撃機と呼ばれるわけ

戦闘力を「戦略力」と「戦術力」に分けたことから、自らの「戦略力」と「戦術力」を強化する一方で、敵の「戦略力」と「戦術力」にダメージを与えることも効果的な戦い方となることが分かる。

例えば敵の「戦略力」の一つである生産能力としての工場を攻撃すれば、敵の戦闘力に大きなダメージを与えることができる。

そのことから、敵の生産力を叩くB29は「戦略爆撃機」と呼ばれたのだ。

このような戦い方をしたことから、アメリカ軍がいかに「戦略力」の重要性を認識していたかが分かる。

◎市場競争における「戦略」と「戦術」とは

ビジネスにおける市場競争においても、「戦略力」対「戦術力」を2対1に配分することは有効である。

この場合の**戦略力とは意思決定という「見えざる領域」を示し、戦術力とは戦略を達成するための行動という「見える領域」**を示す。

したがって、企業間競争においては、戦略をしっかりと練ることが、市場での勝ち負けを決めることになる。

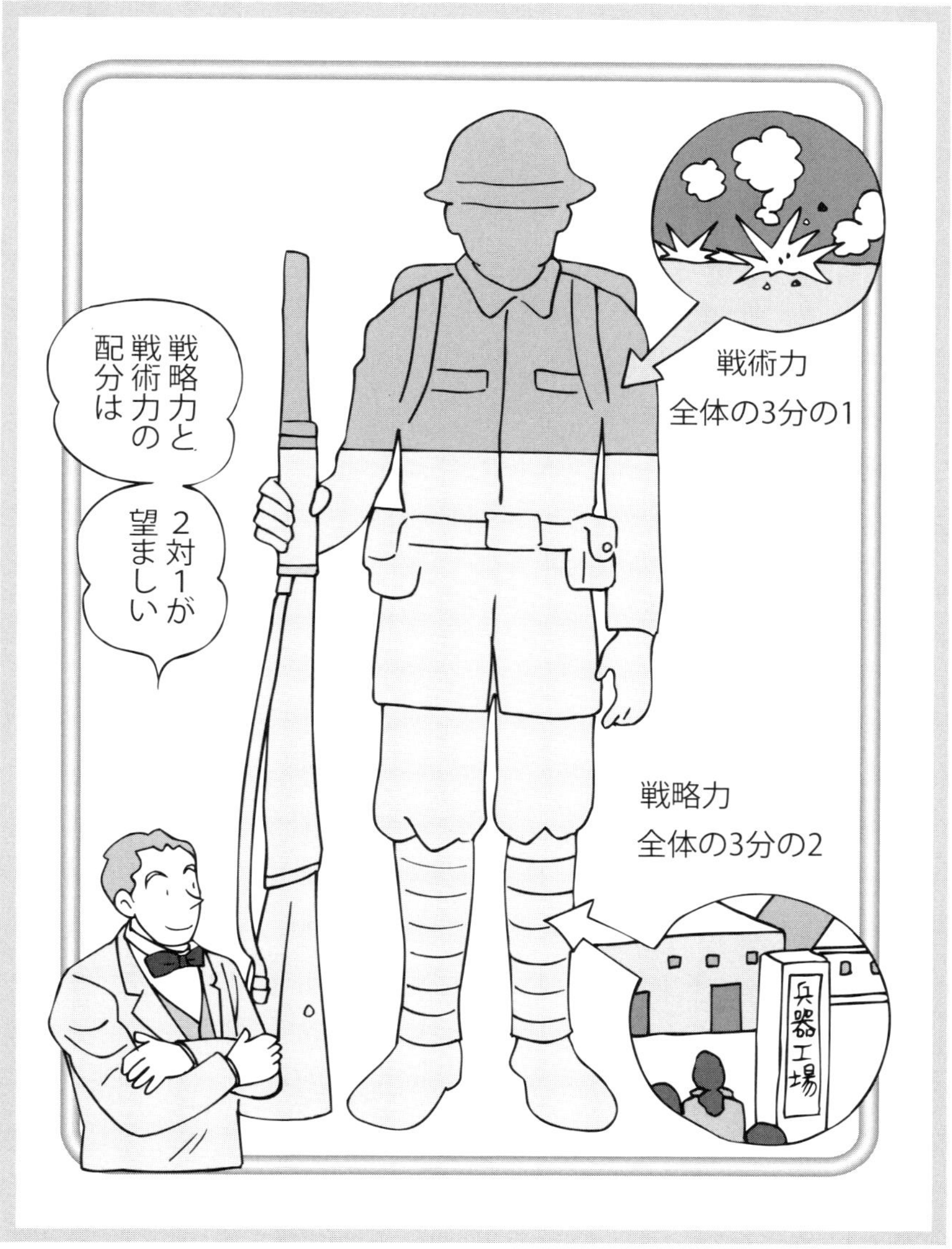

全戦闘力のうち、戦略力に３分の２を、戦術力に３分の１を配分することが、最小限の損害で最大限の成果を達成する。

010 占拠率を表す三つの数値

例えばスマートスピーカーにおいて2016年には約9割の市場シェアを占有していたAmazonが、翌年にはGoogleに追い上げられ約5割に低下している。

◎強者と弱者を分ける26・1%

そしてこの上限目標の73・9%を100から引いた**26・1%**を、**下限目標**と呼ぶ。市場占拠率が26・1%のときは、たとえシェアが1位であったとしても、まだ不安定な状態にあり、シェア争いのただ中にあると考えられる。例えば建設業界や百貨店業界、ドラッグストア業界がこの状態にあると言われている。

また、26・1%はその市場における強者と弱者を分ける境界線だ。この数値を超えれば強者、下回れば弱者になる。

一方、2番目の**41・7%**という数値は**相対的安定値**と呼ばれ、安全圏に入っていることを示す。そのため、トップ企業と呼ばれる企業のシェア目標値は40%であることが多く、例えばトヨタ自動車、旭硝子、ブリヂストンなどがそれに該当する。

◎市場占拠率の三つの目標値

企業にとって、市場での占拠率を高めることは重要なテーマだ。それは、**市場占拠率が、販売競争の勝敗を決めるためだ**。

この市場占拠率を高めるために、ランチェスター戦略がビジネスに応用されるようになった。

その市場において、何%のシェアを確保すれば安全圏に入るのか、何%なら不安定な状況にあるのかを説明するのが、ランチェスター戦略モデル式から導き出された市場占拠率である。

そこで、73・9%、41・7%、26・1%という三つの数値がポイントとなる。

◎市場の独占状態は不動ではない

最も大きな**73・9%**という数値は、**上限目標**と呼ばれる。この数値を達成している場合は、その市場において**独占状態**にあると言える。ただし、決して無敵であることを示す数字ではないので、油断は禁物である。

市場占拠率は、73.9% を上限目標（独占状態）、41.7% を相対的安定値、26.1% を下限目標という。

011 シェア争いの勝敗を決める数値

この場合は、確率戦・広域戦としてランチェスター第二法則が適用され、2乗比の差が勝敗を決めることになる。すなわち2乗にしたときに3対1以上の差を付けること、つまり$\sqrt{3}$対1が勝敗を決する比率となる。

その結果、**業界内で1社が他社に対して$\sqrt{3}$対1以上の差を付けることができれば逆転が困難になる。**

◎逆転不可能なときの戦略

シェア争いにおいて、2社間では3倍以上の、業界内では$\sqrt{3}$倍以上の差を付けてしまえばもはや安泰かというと、現実には100％の安泰はあり得ない。

もしも2位以下のいずれかの会社が、爆発的なヒットになるような革新的な商品を開発したり、トップの会社が致命的なミス（リコールなど）を犯したりすれば、シェアの逆転はあり得るのだ。

そのため、トップの会社も品質管理や製品開発、販売戦略の手を緩めるわけにはいかず、2位以下の会社も、虎視眈々とチャンスを狙うことになる。

◎逆転不可能な3対1の原理

ランチェスター戦略モデル式から導き出された市場占拠率の上限目標である73・9％と、下限目標の26・1％を合算すると100％であった。このことから、もし2社でシェアを争っていた場合に1社が73・9％の市場占拠率を押さえれば、残りの1社は26・1％となり、その市場占拠率の比率はほぼ3対1となる。

したがって、**2社間でシェア争いとしている場合は、この3対1までが逆転のチャンスが残っている限界値となる。3対1以上に差が開けば、逆転はほぼ困難となり、勝敗を決した**ことになる。

これは「射程距離理論」あるいは「サンイチ（3対1）の原理」と呼ばれるが、一騎打ちを前提としたランチェスター第一法則の下で有効な原理となる。

◎勝敗を決定づける$\sqrt{3}$対1の比

それでは、一騎打ちではなく、業界内で3社以上がシェア争いを行う場合はどうだろうか。

２社間でのシェア争いでは３対１以上に差が付くと、３社間以上では$\sqrt{3}$対１以上に差が付くと、逆転が困難になる。

012

市場の状態を表す四つのパターン

◎「分散型」は混戦状態

市場の占拠率には、目標数値と射程距離理論により四つのパターンが存在する。

一つ目は、1位と2位、3位といった企業の占拠率の差が、いずれも$\sqrt{3}$倍以下の射程距離にあるパターンだ。これを**「分散型」**と呼ぶ。順位が流動的でいつでも順位が変動する可能性があり、いずれの企業もシェアが26％以下でしのぎを削っている状況で、突出して大きなシェアを持つ企業が出てきていない状態だ。

日本全体の商品の市場の約半分が分散型と言え、例えば建設市場やアイスクリームの市場がこれに該当する。分散型の市場で寡占状態を作り、企業間の均衡状態を一気に崩すために最も効率的な方法は、企業間で吸収や合併を行うことである。

◎微妙なバランスの「二大寡占型」と「相対的寡占型」

二つ目は、1位と2位の企業の占拠率が$\sqrt{3}$倍以内にあり、2社の占拠率を合計した場合に上限目標値の73・9％を超えているパターンである。これを**「二大寡占型」**と呼ぶ。例えば、携帯電話キャリアのＮＴＴドコモとＫＤＤＩがこれに当てはまる。

三つ目は、市場占拠率が2位と3位の企業の占拠率を合計すると1位の企業の占拠率を上回り、その結果、占拠率の差が$\sqrt{3}$倍以内に収まるパターンだ。これを**「相対的寡占型」**と呼ぶ。例えば、インクジェットプリンターにおけるセイコーエプソン、キヤノン、ブラザー工業のシェア争いがこのタイプだと言える。

◎市場を独占する「絶対的寡占型」

そして四つ目が、市場占拠率が2位と3位を合計しても、1位の占拠率に追い付かない状態で、1位の占拠率が41・7％を超えているパターンだ。これを**「絶対的寡占型」**と呼ぶ。例えば、トヨタが1位で、2位以下の日産自動車とホンダを合計しても市場占拠率で超えられない自動車業界がこれにあたる。

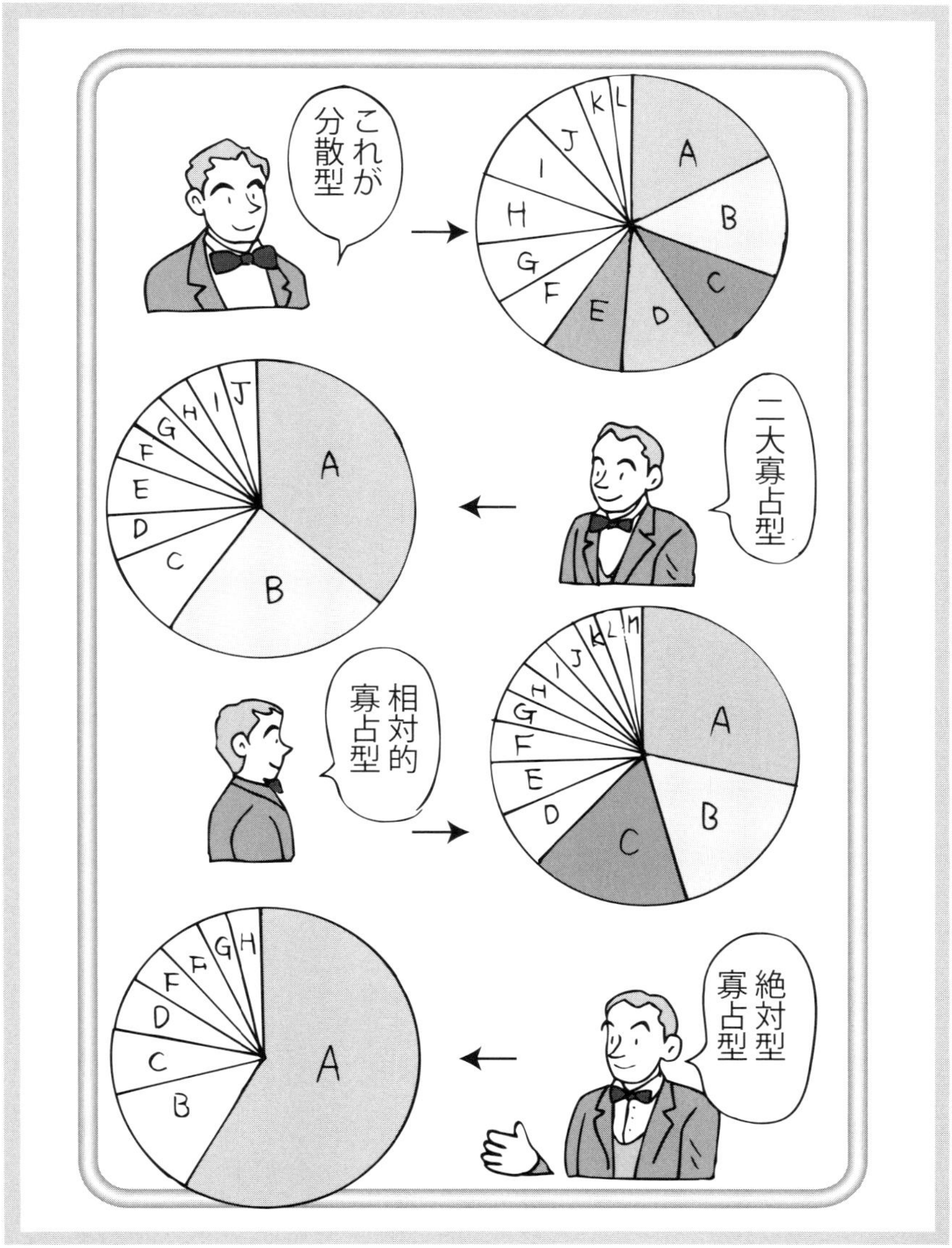

市場の占拠率には、分散型、二大寡占型、相対的寡占型、絶対的寡占型の四つがある。

第2章

弱者でも勝てる戦略

013

弱者が勝つための局地戦

◎**弱者は狭いマーケットで戦う**

市場占拠率が低い企業、あるいは新規参入しようとしている企業は、弱者として慎重に戦略を立てる必要がある。目指す市場に強者がいた場合、広域型の戦いに引き込まれ、確率戦となれば叩きつぶされてしまう可能性が高くなるためだ。

そのため、**弱者は強者とまともに広域戦を行うことを避けなければならない**。すなわち広域戦を強いられる地域展開やマーケット、チャネルを避け、局地戦が可能な地域展開やマーケット、チャネルを選択する必要がある。

例えば地域で言えば盆地や島など、人の移動が少なくマス広告の費用対効果が低いような局地である。

◎**初めは局地戦から参入する**

局地戦に向いている地域の例として、長崎県や佐賀県、岐阜県、山梨県、群馬県、長野県、山形県、青森県などがある。

また、広域戦になりそうな東京などの場合は、八王子や青梅、府中などの局地戦から勝ち進めていく戦略が考えられる。埼玉県などは広域戦型の地域となるので、弱者がここから攻めるのは好ましくない。

◎**近江商人から大阪の企業に受け継がれた戦略**

このような局地戦から攻めていく手法は、ランチェスターを待たずとも、既に日本では江戸時代の近江商人や上方商人が経験値に基づいて実施していた。

彼らは江戸の市場といった広域戦となる地域を目指す場合、中山道から甲州街道を経て八王子に進出した。

この商法は現在の大阪企業にも受け継がれているようだ。例えば彼らが東北地方を目指す際は、いきなり広域戦を強いられる仙台を目指さずに、まずは局地戦型の山形から入る。そこである程度の成功を収めてから初めて、秋田、青森へと進出していく手順を踏んでいる。

商人たちは、試行錯誤の結果、勝ちやすい地域戦略を身に付けていたのだろう。

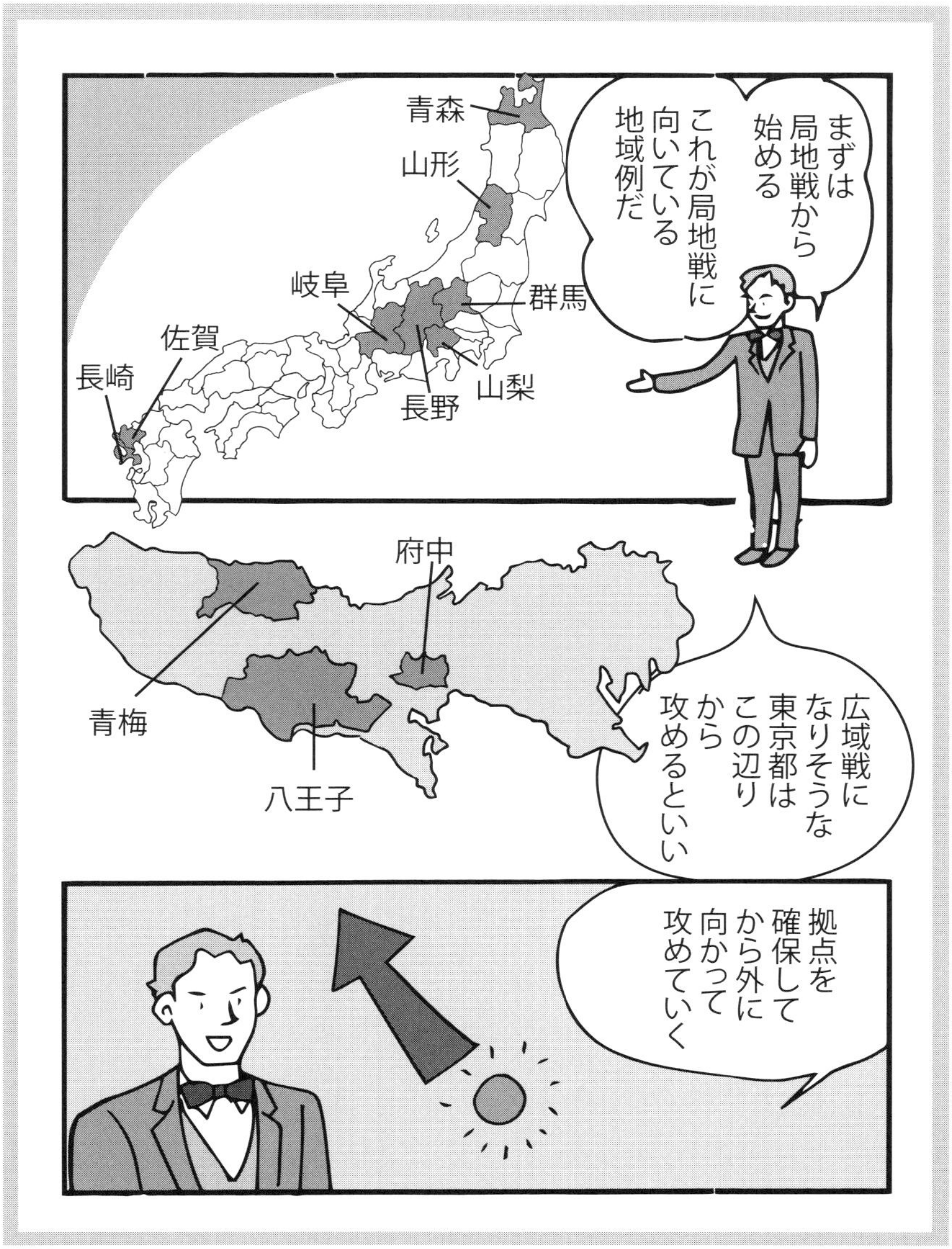

弱者は、強者とまともに広域戦を行うことを避け、局地戦が可能な地域から勝ち進めていく。

014 弱者が勝つための差別化

◎弱者は一騎打ちに持ち込む

市場占拠率が低くなった企業や新規参入企業は、広域戦と確率戦を避けなければならない。生産力や物流力、宣伝力、販売力などが大きな企業には確率戦では絶対に叶わない。そのため、**弱者は相手が戦力を一気に投入できない一騎打ち型の勝負に持ち込むことで、少ない戦力を集中することができる。**例えば強者は商品の品揃えも広範囲に及び、圧倒的な品揃えで勝負を仕掛けてくる。この戦い方には弱者は対応できない。そこで弱者は、一つの狭いジャンルに的を絞り、そこに集中的に投資して差別化を図ること、すなわち一騎打ち型に持ち込むのである。地域戦略も同様だ。全国展開といった広範囲で戦うには巨大な資本力が必要になってしまう。しかし、地域を細分化して強者の盲点になっている部分に重点的に攻め込めば勝機を得られる。

◎倒産の危機に直面した小さな酒屋

「なんでも酒やカクヤス」の店舗を運営する酒類販売業界トップの株式会社カクヤスの始まりは、東京都北区豊島の小さな酒屋だった。創業者から3代目の佐藤順一社長のとき、従業員15人ほどの同社は、広大な敷地を武器に大量陳列・大量販売を行うディスカウントストアに押されて倒産の危機に直面した。

◎商圏を絞り込み、業界トップへ

そこでカクヤスは、自転車で機動的に配達できる、店舗から半径1・2キロの円を商圏として絞り込み、宅配で「2時間以内に1本から」配達するサービスを行う。そして大手小売り業者が宅配業者と組んでも勝てないように、都内を半径1・2キロの円の商圏に分割して各中心に店舗を配置することで、「都内どこでも2時間以内に1本から無料で」配達できるという、大手には手の届かないサービスの領域を制したのだ。そしてカクヤスは業界トップに躍り出た。

このようにして、強者の死角を攻めることで、確率戦に持ち込まれることを避け、強者相手でも勝てる戦いを行うことができるのだ。

弱者は、強者が戦力を投入できない一騎打ち型の勝負に持ち込むことで、少ない戦力を集中することができる。

015

強者の死角を狙う

◎**強者の中の最大の盲点と弱点に狙いを定める**

弱者は強者が得意とする広域戦・確率戦に挑んではならない。弱者が勝機を得るためには、強者の戦力が分散されたところで一騎打ち型の戦いに持ち込む必要がある。

そのため、強者がフルラインで投入してくる商品やサービスにまともに対抗しようとすれば、たちどころに戦力が不足して潰されてしまう。

一方、**一つのカテゴリーやジャンルに絞り、その絞り込んだ範囲では強者では手が届かないような細やかでかつ専門的な対応をするといった戦力の集中を行えば、その部分においては一騎打ちで勝てる可能性がある。**

例えばあらゆるスポーツ製品を取り揃えた強者に対して、トライアスロンに特化した専門店として、入門者からプロフェッショナルにまで専門的に対応できる店であれば差別化できる可能性があるということだ。

◎**サービス競争や訪問回数といった戦術で勝負**

また、商品の販売ルートでも同様に、弱者は一騎打ち型に徹することが望ましい。

例えば販売店に卸す際も、複数の仕入れ先から幅広く仕入れていて、店内のシェアが細かく分散されているような販売店よりも、一つあるいは少ない仕入れ先から仕入れている販売店に対してサービスを厚くしたり、訪問回数を増やしたりするなどして一騎打ち型に持ち込むのだ。

◎**強者の死角に一点集中攻撃をかける**

また、強者は同じ地域内の複数の販売店がお互いに競争するような戦略をとる。どこが売れても競争が激化するほど自社の売上が大きくなるためだ。

しかし弱者は、**地域を細分化して強者の死角となっている地域に集中して販売を仕掛ける方が有利になる可能性がある。**

「ゾゾタウン」を運営するスタートトゥデイはEコマースに特化した独自の物流システムとサービスで、不振と言われるアパレル業界で大躍進を遂げている。

弱者は一つのカテゴリーやジャンル、地域や対象に絞り込み、強者の死角に一点集中して戦力を投入する。

016 ビジネスにおける接近戦とは

◎顧客に接近してニーズを掴む

ビジネスにおいては、弱者は強者の遠隔戦の間隙を縫って接近戦を行う必要がある。接近戦と言っても強者に接近するのではなく、**顧客に接近する**のだ。

強者の遠隔戦では、広範囲へのチラシやカタログ配布、マスメディアを利用した広告戦略と、資本力があるからこその戦い方で顧客を獲得しようとする。この方法は無駄も多いため、弱者には真似ができない。

◎顧客のニーズを細やかに拾う「でんかのヤマグチ」

接近戦で成果を上げている例がある。

家電品と言えば、近年は大手量販店の出店に伴い町の電気屋さんは次々と廃業に追い込まれている。しかし、家電激戦区の東京町田で接近戦により売上を伸ばしている町の電気屋さんがある。でんかのヤマグチだ。しかもでんかのヤマグチは安売りもしていない。ではどのようにして量販店と戦っているのか。それは、**地域の顧客のニーズを細やかに拾い上げる戦略**に徹しているのだ。

例えば2018年の厳しい冬。寒さと雪で客足が途絶えたところで、冷蔵庫キャンペーンを行った。このとき、顧客が冷蔵庫を買い換える動機として最も強い、省エネ対応製品を謳ったDMを送ったのだ。これで冷蔵庫の売上が上がった。続けて厳冬には亀裂が入りやすい水道管の修理と、暖房の酷使で故障しやすいエアコンの買い換えを促し、やはり売上を伸ばした。エアコンは夏でなければ売れないという常識に囚われない戦略だった。

次に狙ったのが給湯器の販売だった。7年以上同じ給湯器を使っている顧客にターゲットを絞り、10年前後で交換するのが一般的と言われる給湯器の調子が悪くなっていないか注意を促したのだ。すると、音が変化してきたことや風呂と台所で同時に使うとお湯が冷たくなるなどの不満を持つ顧客が多くいることが分かった。そこで買い換えを促したところ、値引きなしで売上が伸びた。

でんかのヤマグチの業績を支えているのは、まさに接近戦によるものだった。

弱者は、顧客のニーズを細やかに拾い上げる「接近戦」を行い、強者が行う「遠隔戦」と差別化する。

017 一点集中で勝機を得る

◎アシックスの一点集中戦略

弱者の戦略として、一点集中がある。**限られた経営資源を一点に集中させることで勝機を得るのだ。** このとき、一点とは地域や商品、顧客等を示す。

例えば商品の一点集中で成功した例として、アシックスがある。アシックスと言えば、今でこそ大手総合スポーツ用品メーカーで強者側にいるが、創業当初は弱者だった。アシックスは１９４９年に神戸で創業された鬼塚商会に始まる。鬼塚商会は当初、スポーツ用品を何でも扱っていたわけではなかった。バスケットシューズだけを扱っていたのだ。当時はバスケットシューズの製造は難しいと言われていたが、創業者の鬼塚喜八郎は選手や監督らの意見を聞きながら、**徹底してバスケットシューズの開発だけに経営資源を注いだ。** その結果、選手たちに評判の良いバスケットシューズができたため、様々な大会に出向いてはＰＲし、有力選手には無償でバスケットシューズを提供するなどして、徹底的に「バスケットシューズならオニツカ」というイメージを創り上げた。その結果、狙い通りに、スポーツ用品店側も「オニツカ」のバスケットシューズを扱わないわけにはいかなくなり、問屋も鬼塚商店にバスケットシューズを発注し始めた。こうしてバスケットシューズが軌道に乗ると、**次にはマラソンシューズに一点集中して成功している。** 創業者の鬼塚氏は、この商法を「オニツカ式キリモミ商法」と呼んだようで、まさに一点集中を行ったことを示している。

◎小出しで失敗したデフレ対策

一方、小出しで失敗した例もある。

安倍晋三首相は長く続くデフレ脱却のためにアベノミクスと呼ばれる大胆な金融緩和、機動的な財政政策、民間投資を促す成長戦略を打ち立てたが、実際にはＰＢ（基礎的財政収支）による財政出動の制限や消費税増税などの緊縮財政などによる小出しのデフレ対策になったため、効果が出なかった。

資源は小出しにせず、集中的にしないと効果が出にくいことがあるのだ。

弱者は、限られた経営資源を一点に集中させることで勝機を得る。

018 注目すべき四つの差別化

◎ランチェスター戦略の四つの差別化

市場が成熟して飽和状態となり、かつグローバル化が進むと商品やサービスは売れなくなってくる。このような市場で競争力を高めるには差別化が重要な戦略となる。差別化の対象には商品の機能やデザイン、あるいは価格、地域、顧客など様々なことが考えられるが、ランチェスター戦略としては、次の四つの差別化に注目する。

- **従来路線に対する差別化**
- **同じ市場における強者への差別化**
- **既に先行している企業に対する差別化**
- **同じ市場で上位に位置する企業への差別化**

◎強者の差別化、弱者の差別化

既にその市場の占拠率が高くブランドを確立している強者にとっては、その知名度や信頼度自体が強力な差別化として機能している。「このブランドなら間違いない」「このメーカーの製品なら安心だ」といった差別化が確立しており、そのことがさらに知名度や信頼度を高めていく。そのため、弱者が何らかの手を打って差別化を行わなければ、強者と弱者の差はますます広まっていく。

そこでまず、「**従来路線に対する差別化**」を検討する。個人においても組織においても、長年のやり方を疑問視して変革することは難しく、痛みを伴ったり大きなエネルギーを必要としたりする。それだけに、「敢えて」検証する必要はある。

次に「**同じ市場における強者への差別化**」は、これまでにも述べてきたとおり、局地戦・一騎打ち・接近戦・一点集中の戦略で対応することになる。

また「**既に先行している企業に対する差別化**」はとても重要だ。既に先発というだけで差別化されているために、同じことをしても追い付けないためだ。

そして「**同じ市場で上位に位置する企業への差別化**」は、強者と先発に対する差別化と同じになる。

一方、既に強者となっている企業は、常に弱者が打ってくる差別化をそのまま真似るミート作戦を行えば、弱者を潰すことができる。

弱者は、強者と同じやり方では勝つことができない。四つの差別化を意識して戦略を立てる。

019

流通戦略としての差別化

◎流通チャネルの差別化という方法

差別化をするというと、多くの人が商品やサービスで差別化することを思い浮かべるだろう。しかし、成熟市場では差別化となる画期的な商品特性やサービスの斬新さを創り出すことは容易ではない。

しかも、弱者がどれだけ画期的な商品やサービスを打ち出しても、瞬く間に強者がミート戦略で模倣し、市場を席巻してしまう。そのためこの種の差別化は短期間しか効果が続かない可能性が大きい。そこで、**流通チャネルで差別化を行う**という手法が考えられる。

日本で流通している商品の約7割は間接販売であり、卸や代理店が介在している。そこで、差別化を行おうとしている商品が現在、直接販売なのか間接販売なのかを確認する必要がある。

もし、**強者が間接販売を行っているのであれば、弱者は競合商品を直接販売する**ことで優位に立てるかもしれない。

ただし、直接販売の強みを活かすためには、商品が成長段階にあること、特定の地域に限定して販売できること、市場規模が明確なことが前提条件となる。

◎ユニクロの流通戦略

もう一つ、流通チャネルで差別化する方法として、**流通上の中間に存在する業者の役割を、自社で用意してしまう**という方法もある。

例えば世界的なアパレルブランドとなったユニクロは、流通上の中間業を全て自社で賄い、企画から製造、販売までを垂直統合したＳＰＡ（製造小売業）というビジネスモデルを採用した。このことで、高品質なカジュアルウェアを低価格で提供するという差別化に成功し、業界のコストリーダーの地位を築いたのだ。

さらに同社は、オンラインストアで購入した商品を近くの店舗で受け取れば送料が無料になるだけでなく、その場で試着して気に入らなければ返品や交換が可能という、ネット時代の流通にも対応を怠らないことで、競争力を維持しようとしている。

商品やサービスの差別化は難しい。そこで、流通チャネルの差別化ができないか考えてみよう。

020 地位ごとに異なる戦略

◎**1位の企業の戦略**

地位の違いによる差別化は、地位ごとに戦略が異なってくる。2位や3位、4位にはそれぞれ異なった戦略を立てなければならない。

ただし**1位に関しては、差別化を戦略にする必要はなく、下位の戦略を真似したミート戦略を実行するだけで叩くことができる。**

ミート戦略の中には、ツーブランドシステムという挟み撃ちの戦法もある。例えば下位の企業が画期的な新商品を出したら、1位の企業は同種の製品を2タイプ出すのだ。一つは下位企業の商品よりも価格が高い商品。そしてもう一つは下位企業の商品よりも価格が低い商品だ。

このように下位企業の商品を挟み撃ちにして市場を占有してしまう。

◎**2位と3位の企業の戦略**

2位以下の企業は、それぞれ自社の上位と下位の企業に対して差別化を行う必要がある。

2位の企業であれば、1位の企業に対して差別化を行うと同時に、3位の企業の差別化を潰す必要がある。

また、**3位以下の企業は上位の企業が自社に攻撃しないように1位に注意を向けさせたり、あるいは共に1位の企業を攻撃するように誘導したりする戦略もある。**

◎**業界4位のコスモス薬局の急成長**

4位企業は、トップ3が競い合っている間隙を縫った差別化を行うことで生き残り、さらに上位を狙うことができる。

例えば本稿執筆時点では、攻防が激しいドラッグストアの売上順位は1位から順にウエルシアホールディングス、ツルハホールディングス、マツモトキヨシホールディングスとなっているが、いずれも類似の戦略でしのぎを削っている。

ところが4位のコスモス薬品は、上位3社が漏らしている小商圏に通常のドラッグストアの2～4倍の売り場面積で多店舗展開し、急成長している。

とるべき戦略は、業界1位、2位、3位、4位それぞれに違う。
自社の地位を確認し、自社に適した戦略を描こう。

第3章

ランチェスター戦略で占拠率を高める

021 利益を集中させるナンバーワン

◎**勝ち方における三つの法則**

市場の占拠率競争は、突き詰めると三つの勝ち方に行き当たる。それは次の三つだ。

・ナンバーワンを持っていること

・攻撃目標と競争目標を分けること

・一点集中主義であること

ナンバーワンを持っている企業だけが、市場競争では安定した存在となり有利になる。

このナンバーワンとは、商品の品質でも良いし、地域でのナンバーワンでも良い、あるいはナンバーワンの得意先を持っているようなことも含まれる。

これは市場の捉え方にも応用できる。市場を細分化して、その中でナンバーワンを目指しても良いし、地域を細分化してその中でナンバーワンを目指しても良い。

◎**ナンバーワンを持つ企業に利益が集中する**

実際、成熟した市場においては、広い地域や大きな市場全体を捉えようとすることは非常に難しい。誰にでも買ってもらえる車を製造・販売することで競争することは難しいが、低燃費で都市生活者向きのコンパクトさで小回りが利き、独身女性の生活で使い勝手が良い車、と市場を細分化すれば、尖った製品を作ることができるし、販売戦略も明確になってくる。

また、ナンバーワンがあれば、企業の規模が小さくても世界を相手に戦えるのだ。

例えば宮城県の株式会社ティ・ディ・シーは、世界トップレベルの高精度研磨加工技術により超精密鏡面加工技術においては世界シェアでトップの実績を持つ。また、大阪の株式会社エンジニアは、特許を取得した特殊な先端形状を持つネジ外し用ペンチで世界シェア１００％を占めている。

このように、ナンバーワンを持つことで占拠率を高めて利益率を高めることもできる。

市場や地域やカテゴリーなどを細分化することで、その中にナンバーワンを見つけることができれば、成熟市場でも生き残ることができる。

市場や地域やカテゴリーなどを細分化し、その中でナンバーワンになれば、成熟市場でも生き残ることができる。

022

混同してはならない競争目標と攻撃目標

◎競争目標と攻撃目標は同じではない

「競争目標と攻撃目標を分けること」は、占拠率を高めるために三つ掲げた勝ち方の二番目だ。

弱者が強者と同じ土俵では勝てる可能性はほぼゼロである。しかもランチェスター第二法則の下で戦った場合は、負けた場合に甚大な損害を出してしまう可能性がある。

そこで、差別化を図ることこそが、弱者が強者に対抗する手段になる。

しかし、ここで競争目標と攻撃目標を混同してはならない。

自社より上位にある強者は、あくまで競争目標であり攻撃目標ではない。攻撃目標は自社のすぐ下に位置する会社となる。

つまり、自社が業界2位に位置するのであれば、1位の企業は競争目標となる。そして3位の企業こそが攻撃目標となる。

例えば自動車業界であれば、2位の日産は1位のトヨタを競争目標にし、攻撃目標は3位以下のホンダなどにしなければならない。したがって、新製品を打ち出すときはトヨタよりもホンダを意識しなければならない。

◎大企業でも弱者の戦略が必要なとき

ところで、特定の部門でトップにある大企業が犯しやすい戦略ミスがある。

特定の商品ジャンルで1位にある企業は、そのジャンルでは強者であるため、新しいジャンルの新製品を出すときにも強者の戦略を採用してしまいがちなのだ。

ところが、新しいジャンルに新規参入する場合は、たとえ1位のジャンルを持っていても、新しいジャンルでは上位の企業がいることを忘れてはならない。

ましてや、新たに参入するジャンルで上位の企業を攻撃目標にしては負けてしまうのだ。

そのため、たとえあるジャンルで1位になっている強者といえども、新規参入するジャンルでは弱者の戦略を取り、自社より下位の企業を攻撃目標にし、上位の企業は競争目標にしなければならない。

競争目標と攻撃目標は分けること。自社より上位の強者は競争目標であり、攻撃目標は自社のすぐ下に位置する会社だ。

023 勝敗を分ける占拠率

◎**ランチェスター戦略とは占拠率を高めること**

ビジネスにおけるランチェスター戦略とは、つまりは**市場での占拠率を高めるための戦略**である。**占拠率こそが市場での力を示すのであり、これは利益率と相関関係にある。**

市場を点ではなく面で押さえることができれば占拠率が高くなり、次の二つのメリットを享受できるようになる。

◎**占拠率を高めることの二つのメリット**

占拠率が高まることで得られるメリットの一つは、**入ってくる情報量が増える**ことだ。顧客が増え、取引先が増えることから市場との関係が密になり、商品情報や市場動向に関する情報にも詳しくなることができる。こうして情報を多く入手できるようになると、より的確な戦略で先手を打つことができるため、ますます占拠率が高くなるという好循環に入る。

二つ目のメリットは、**価格政策の主導権を得られること**だ。市場での占拠率が高い企業が相場をリードすることができる。占拠率で下位の企業は、上位の企業が仕掛ける価格競争に対して、同じかそれ以下に下げなければ潰されてしまう。しかし、価格競争に入れば、最終的には占拠率が高い企業が勝つことになる。

◎**勝ち組と負け組を分ける40％の占拠率**

成熟市場の厳しさは、総需要の伸びがほぼゼロに近いため、ある企業のシェアが伸びれば、その分別の企業のシェアが食われてしまうということだ。これが、市場自体が成長していれば、競合企業同士が共にシェアを伸ばすこともできる。

つまり、**成熟市場ではシェアを伸ばせなければ、その企業は市場からの撤退を余儀なくされる。**

日本の企業法人約170万社のうち、黒字は約3割とされている。つまり約7割もの企業が赤字なのだ。

成熟市場の厳しさを考えれば、これらの企業の勝ち方と負け方は、より明確になってくる。つまり、**占拠率を40％獲得できた企業に利益が集中しやすくなっている**と言えるのだ。

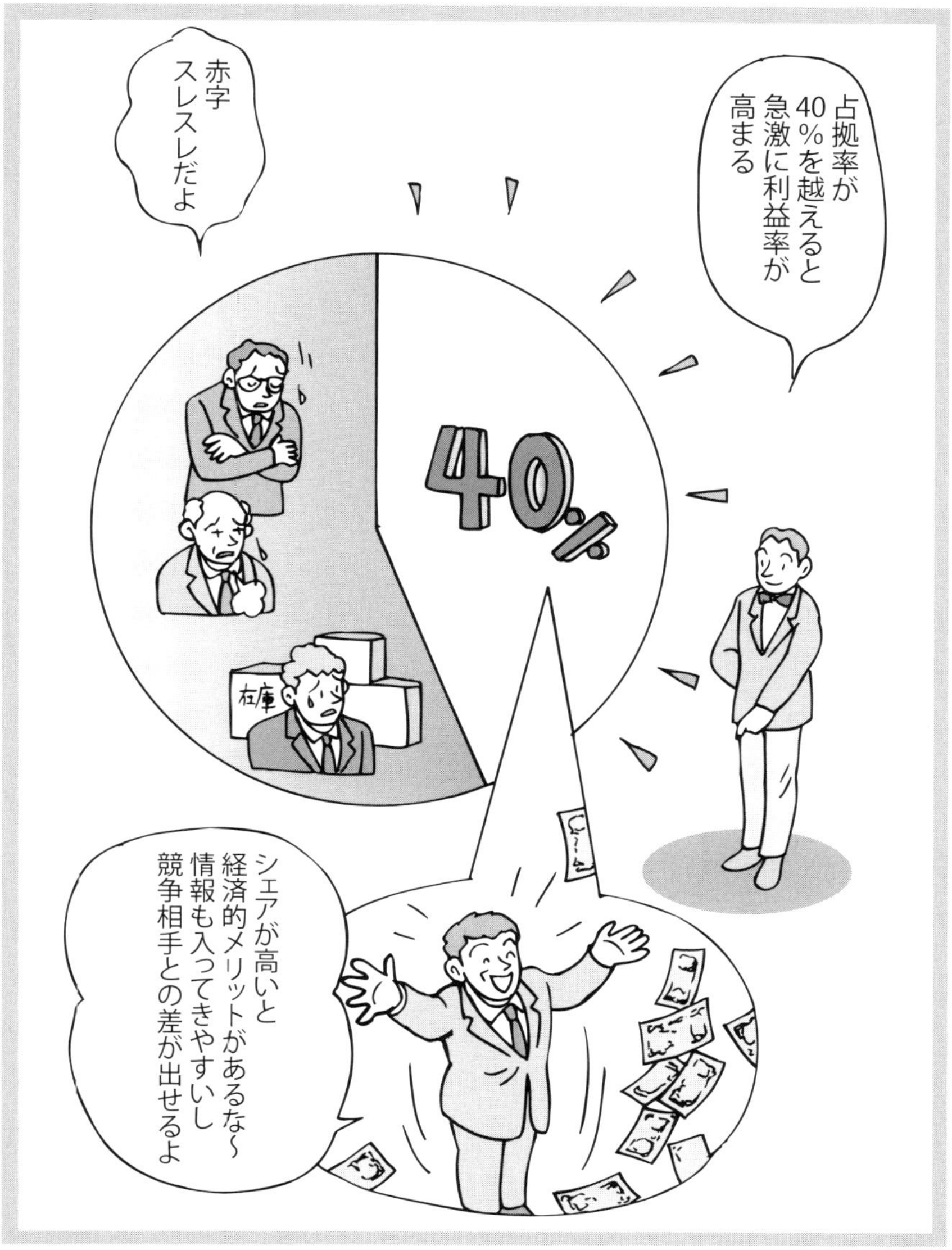

占拠率を高めるための戦略がランチェスター戦略であり、その占拠率を40%獲得できた企業に利益が集中する。

024 現実的な占拠率の目標とは

◎三大目標値が適応できるわずかな業界

企業間の競争とは市場のシェア争いであり、その結果が企業のその市場における力関係を示している。

既にランチェスター戦略モデル式から「73・9％」「41・7％」「26・1％」という三つの目標値が出されていたが、このうち「41・7％」「26・1％」という数値は日本国内の現状では非現実的な数値と言える。

それは、中小企業が乱立する日本の産業では、シェアパターンが分散型を示しており、トップの企業ですら20％以下であることが多いためだ。

理論通りの「73・9％」「41・7％」「26・1％」が該当する業界は自動車産業、ビール業界、化粧品業界などかなり限られてくる。

そのため、現実の占拠率競争ではより低いレベルでの目標値で力関係を確認しなければならない。

◎より現実的な占拠率

より現実的な最初の数値は**19・3％**だ。これは下限目標の26・1％中の73・9％だ。**あまり差がない弱者グループの中から一歩抜きん出た強者という立場**だ。

次が**10・9％**だ。これは26・1％中の41・7％を示している。すなわち、**弱者の中でもある程度の地位を確立して強者への足がかりを作ることができた状態**の占拠率を示している。

そして**6・8％**がある。これは26・1％中の26・1％を示している。この占拠率は、**競合からかろうじて競合として認識されている最低ライン**の占拠率を示す。この数値はもはや利益率が伸びる見込みはなく、強者に勝てる見込みもない弱者の平均的数値である。

最後は**2・8％**だ。これは前述の弱者の平均的数値の中の41・7％を示している。この数値は、もはや競合から相手にもされないが、**なんとか存在は認識されているぎりぎりの数値**を示す。

これらの四つの数値は、自社の今後の戦略を立てる上で、指標とすべき数値になる。

自社の占拠率がどの程度か把握し、現実的な占拠率の目標を設定しよう。

025

取引店率は見せかけのシェア？

◎**シェアの構造とは**

ランチェスター戦略をビジネスに応用した際に、**最も大きな目標はシェアを高めること**だ。

ところで、このシェアの構造はどのように成り立っているのだろうか。

ランチェスター戦略ではナンバーワンの取引先を持つことが重要である。ところが、実際のビジネスではナンバーワンだけを相手にすることはない。シェアを上げるためにはナンバーワン以外の取引先ともうまく付き合う必要がある。

その組み合わせこそが、取引店率と後述する「A・A店率」だ。

◎**取引先を量で捉える**

ある地域における市場占拠率を表す式は次の通りだ。

市場占拠率＝（取引店率＋A・A店率）÷2

この式から、市場占拠率を上げるためには取引店率を上げるか、A・A店率を上げる、あるいは両方上げる必要がある。

このうちの取引店率とは、取引先を量で捉える考え方で、ストア・カバレッジとも呼ばれ、次の式で表される。

取引店率＝自社の商品の取扱店数÷特定地域の全販売点数×１００

例えばある地域に１００の販売店があったとき、そのうちの60店舗が自社の商品を取り扱っていれば、取引店率は60％ということになる。

◎**取引店率は見せかけのシェア**

ところが販売店は自社の商品だけを取り扱っているのではない。その場合、他社から見れば自社商品の販売店も他社商品の販売店としてカウントされる。その結果、自社の取引店率が60％で、他社の取引店率も60％で合わせて１２０％となることもある。

この１００％を超えた部分を重複率と呼ぶ。

つまり、**取引店率だけでは占拠率の条件とならないため、取引店率は「見せかけのシェア」**と呼ばれている。

自社の占拠率を把握する際には、取引店率だけでは「見せかけのシェア」となり、誤って認識することになる。

026 A・A店率は正味のシェア？

◎得意先の質を表す「A・A店率」

取引店率はある地域内の取引先の店舗数の割合を表す概念だった。それに対して質を表すのが「A・A店率」という数値だ。

A・A店率の上のAは、取引先をABC分析でランク分けした際のAグループ店の数を示している。

下のAは、Aグループ店のうち、店内の商品のシェアが、自社対競合の割合が3対1で勝っている状態にある取引店の数を表している。この二つのAの比率がA・A店率となる。

◎勝敗の決着が付く店内シェア3対1

A・A店率を求める式は次の通りだ。

A・A店率＝Aグループ中、店内シェアが3対1の店数÷Aグループの店数×100（％）

「店内シェアが3対1の店」とは、「射程距離理論」における勝敗を決する比率だ。個々の得意先販売店の中で行われるシェア争いはまさに局地戦であり、3対1で勝敗が分かれる。

販売店の店内において3対1で競合に勝っていれば、まず逆転されることはない。例えばこれが2社間の一騎打ちのときであれば、自社が75％のシェアを持っていれば競合は残りの25％となる。

もし、3社間での争いであれば、自社が60％で他の2社が各20％のシェアという力関係になる。この力関係は、競合が増えても同じだ。

◎A・A店率は正味のシェア

例えば、ある地域にAグループの販売店が15店あり、その中に3対1でシェアを取っている販売店が3店あれば、

A・A店率＝3÷15×100（％）＝20％となる。

この数値は、Aグループに対する自社の系列化の強さを表していると言える。

しかもA・A店率は取引店率のような重複性がない。そのことから、取引店率が「見せかけのシェア」と呼ばれたことに対し、**A・A店率は「正味のシェア」**と呼ばれるのだ。

「取引店率」はある地域内における取引先の店舗数の割合を表し、「A・A店率」は質を表す。

027

販売効率を高めるＡＢＣ分析

◎セールスの効率を高めるＡＢＣ分析

顧客管理を綿密に行わなければシェアを上げることは難しい。取引実績が異なる顧客に対して画一的なセールスを行っていても効率が悪いためだ。

この効率を上げるためには、顧客をランク分けすることが有効になる。そのランク分けに**ＡＢＣ分析**が使われる。

◎ＡＢＣ分析の結果は流動的

ＡＢＣ分析は次の手順で行う。

まず、縦軸で取引量を表す棒グラフを作成する。グラフには、左から取引量の多い順に得意先を並べていく。つまり、横軸は取引量の順位を表している。ここで左から（つまり取引量の多い得意先から）得意先をグループ分けする。

取引量が売上全体の70％を占める上位グループをＡグループとする。70％から25％までをＢグループ、残りの５％をＣグループとする。

このグループをランクとして売上目標や訪問回数を決めることをＡＢＣ管理という。

しかし、このランクは常に流動的で変化していることを前提にしなければならない。そのため、ＡＢＣ分析は定期的に行う必要がある。

◎Ａ対Ｂ対Ｃの比率に基づいて戦略を立てる

さらにＡ対Ｂ対Ｃの比率にも注目する。

例えばこの比率が3対2対1であれば、Ａグループに取引先の半分が占められていることになる。これは、Ａグループには突出して大きな取引先がいないことを示す。そこで、Ａグループ内に突出した取引先を作る必要があると分かる。

一方、1対3対5であれば、Ａグループの少ない取引先に依存しすぎているか、もしくはＣグループが多すぎることになる。

このようなときは販売効率を高めるためにＣグループ内の取引先を減らすか、Ｂグループ内の取引先のいずれかをＡグループに引き上げる戦略を立てる。

これがＡＢＣ戦略となる。

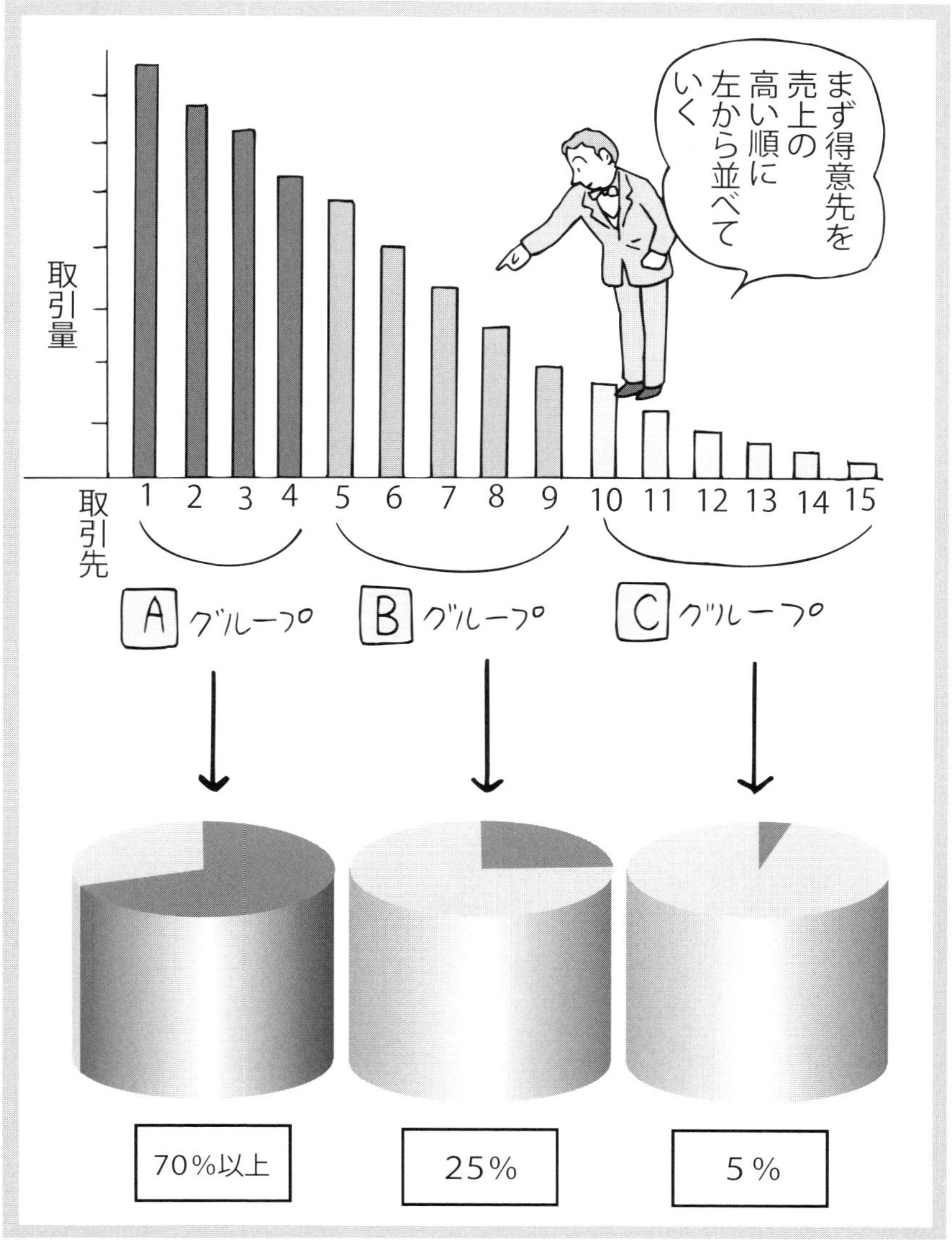

シェアを上げるためには綿密な顧客管理が必要だ。顧客のランク分けをABC分析によって行い戦略を立てよう。

028 Bグループの重要性

◎**戦略の要となるBグループ**

ＡＢＣ戦略において重要なグループはＢグループである。ＡＢＣの各グループは流動的なため、得意先が属するグループが常に変わることを前提に戦略を立てなければならない。

そこで**中間のＢグループに属する得意先に含まれているイノベーターと呼ばれる革新層**の扱いが重要になってくる。

このとき、同じＢグループ内でもＡグループに近い得意先（プラスＢ）と、Ｃグループに近い得意先（マイナスＢ）があることに注目する。Ａグループに近いプラスＢは明日の担い手であり、Ｃグループに近いマイナスＢは過去の栄光とも呼べる存在になる。

そのため、得意先の名簿を作成した際は、Ｂグループの扱いに注意を払うことが重要になる。

◎**差別化しやすいＢグループ**

もう少しＢグループの重要性を見ておきたい。

Ａグループというのは、自社だけでなく競合にとってもＡグループであると考えられる。特に生産財などは併売店で流通されることが多いためだ。

そしてＢグループが競合との差別化を行いやすいのは、とりわけ全国展開の企業にとってはＢグループの得意先が地方都市や中都市に多い傾向があるため、**Ｂグループの差別化が地域の差別化につながりやすい**からだ。

◎**地域ごとにナンバーワンの得意先を作る**

例えば地方に分散している得意先がＢグループであれば、その地域を細かくセグメントすることで得意先を獲得していくことになる。

例として卸商圏であれば、人口15万人が一つの単位となる。そのため人口60万人の都市に対しては、ナンバーワンの得意先を四つ作ることが目標になる。

つまり、それぞれの地域にナンバーワンの得意先を作るために、商圏を人口ごとにセグメントするといった地域戦略が、ＡＢＣ戦略と重なることになる。

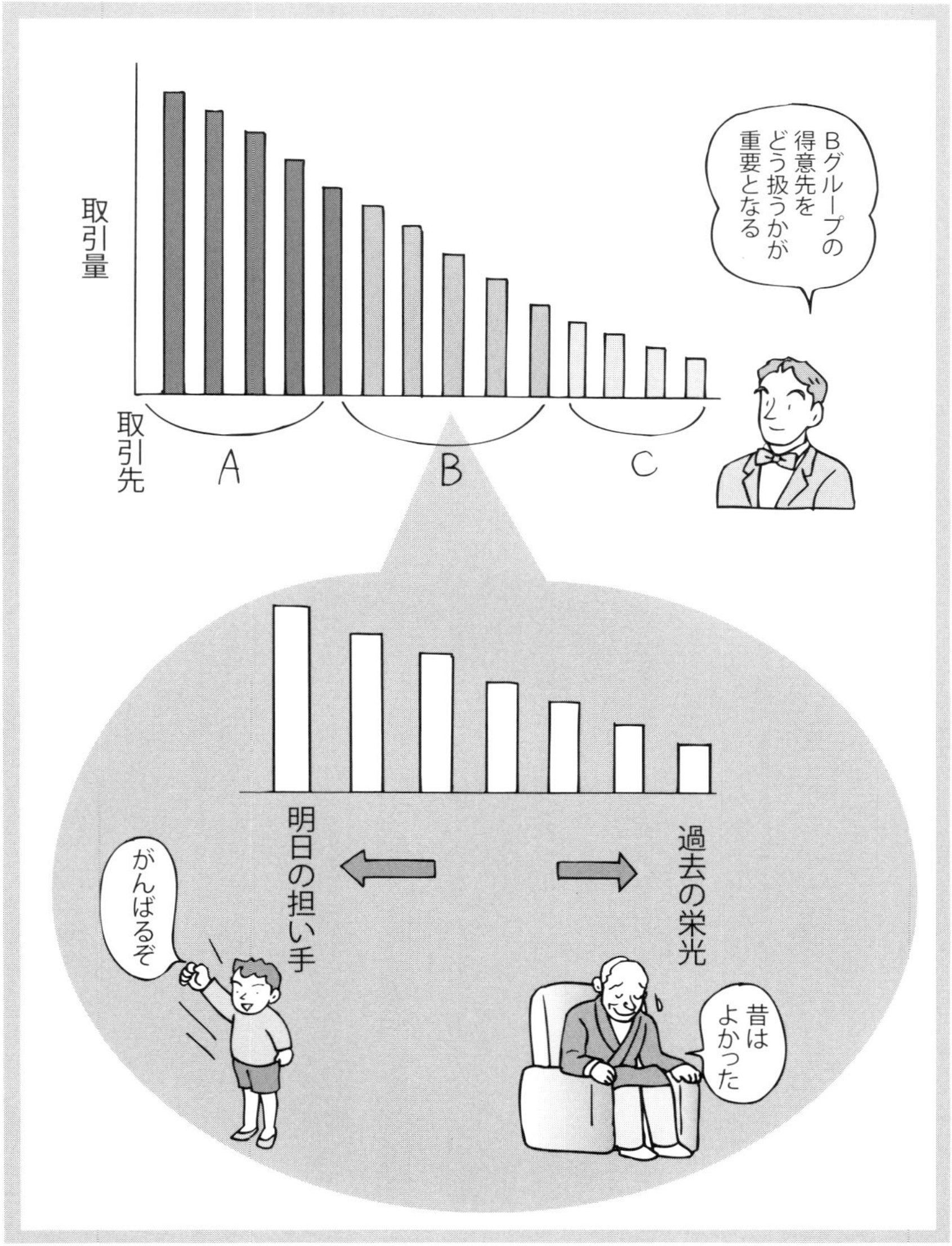

ABC 戦略のうち、B グループに属する得意先に含まれる「イノベーター」と呼ばれる革新層の扱いが重要になる。

第4章

戦略的な市場参入とは

029 成長法則と成長曲線

◎**商品の成長期か成熟期かで戦略が変わる**

「市場に参入する」と言う場合、地域に参入する場合と特定の市場に参入する場合を示す。ここでは市場に参入する場合について見ていきたい。新製品で市場に参入する際には、先行者と後発者では戦略が異なる。

また、それが成長過程の商品なのか成熟状態の商品なのかでも販売戦略が変わってくる。いま、流行のスマートスピーカー（ＡＩスピーカー）などは成長商品だが、スマートフォンなどのように所有率が約８割に達した商品になると、買い替えや買い増しの契約が新規購入を上回ってしまい、これらは成熟商品と言える。

◎**商品の成長法則を表す成長曲線**

戦略を立てる際には、その商品のライフサイクルをどのように考えるか、そしてそのライフサイクルにおいてどの段階にあるのかが重要になってくる。

商品にはライフサイクルがあり、成長法則に支配されているのだ。この成長法則は生物にも当てはまり、これをグラフ化すると**「成長曲線」**と呼ばれる線を描けることが知られている。

成長法則には五つの段階がある。それは**導入期**、**成長期**、**成熟期**、**飽和期**、**衰退期**だ。この変化は商品のライフサイクル曲線や総売上曲線、または産業の総需要曲線として捉えることができる。

◎**あらゆるものには成長法則がある**

この成長法則は、動植物の繁殖の実態や人口の増加率など、自然科学の分野から研究が始まった。そのため、成長曲線は植物学者のゴンベルツの名を取ってゴンベルツ曲線とも言われる。ゴンベルツは人口の増加率などの研究を行っていた。そしてこの曲線は綿花の生産量や自動車の登録台数などにも応用されるようになり、産業の成長には法則性があることが知られるようになった。そのため、今日でも新規市場参入計画などの戦略を立てる際には、この成長曲線が基本的な前提として使われている。成熟市場と言われる現代には、ますます重要になってくる考え方だ。

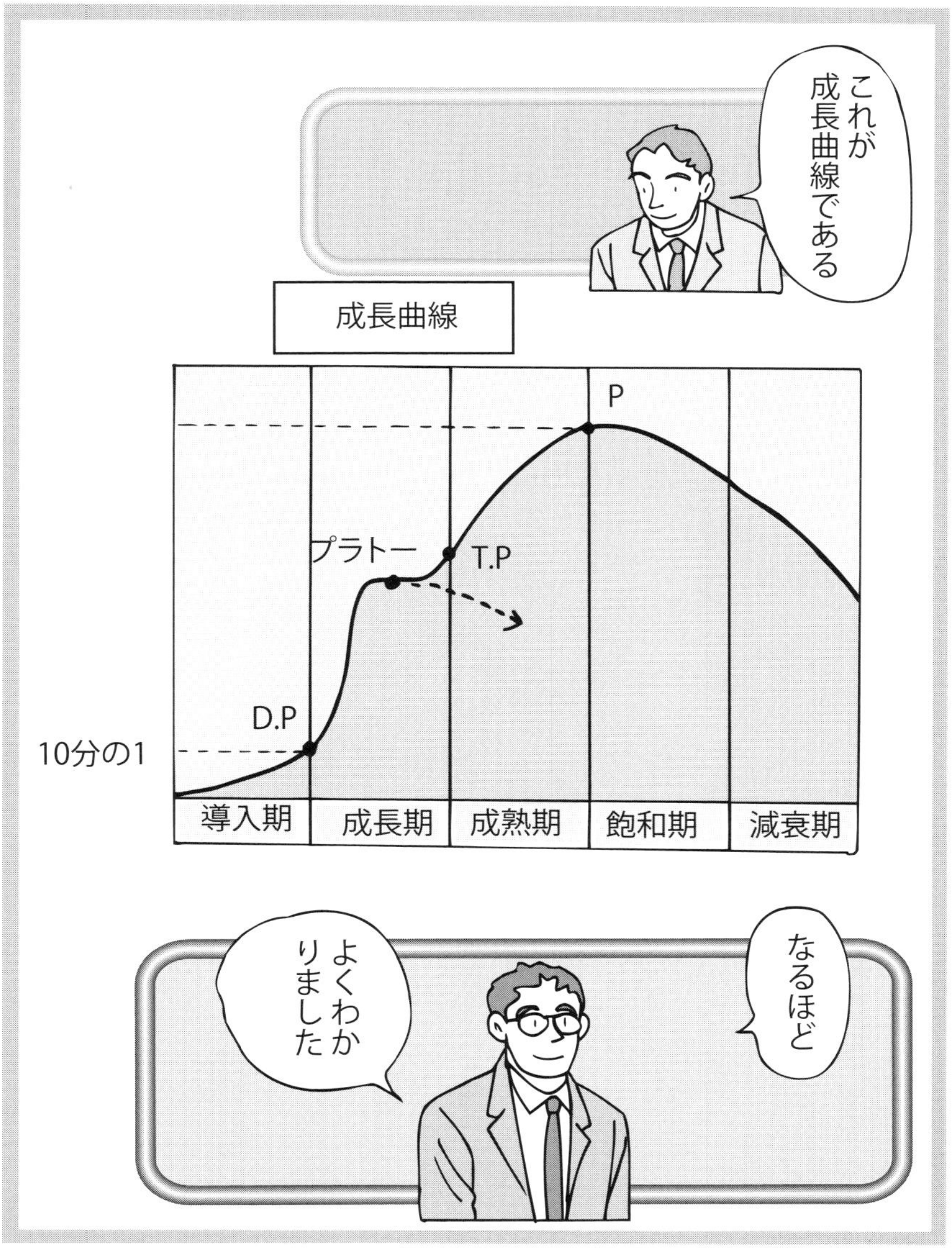

商品にはライフサイクルがあり、成長法則に支配されている。
これをグラフ化したものが成長曲線で、五つの段階がある。

030 後発組が参入するD・P点

◎**参入チャンスを示す四つのポイント**

成長法則の成長段階においては、市場に新規参入するチャンスとなる節目がある。それが次の四つのポイントだ。

一番目のポイントは**デシ・ピーク（D・P）**という導入期（開発期）が終わる時点だ。二番目が一時的に横ばいになる成長期であり、プラトー（高原）現象と呼ばれる状態になる。三番目はT・P（ターニング・ポイント）点という成長期の終わりで、四番目がP点（飽和点）という成長のピークである。

◎**後発組が殺到するD・P点**

ピークの十分の一という意味を持つデシ・ピークは、例えば普及率のピークが70％だとすれば、**約7％**辺りのポイントを示している。**このポイントを過ぎると成長期に入るのだ。**

主に後発組が参入する場合を市場参入と呼ぶ場合が多いが、この後発組の参入がD・P点に殺到する傾向がある。

それは、D・P点を過ぎて成長期に入った辺りから利益が計上されるためだ。

つまり、後発組は先発の状況を見て、勝算ありと予測できる段階になってから参入するのである。

しかし、いつD・P点になるのかということは、P点（飽和点）を予測できなければならない。その商品のP点（飽和点）を予測することでライフサイクルを予測し、現在どの地点にあるのかを判断する必要がある。

◎**D・P点を見極めて参入する**

一般的に寿命が長くなる商品は、導入期に出足が速く良く売れる傾向がある。

このとき注意しなければならないのは、チャネルが狭いほど成長の角度は大きくなるが、チャネルが広いと導入期で伸びたとしても成長期で落ちてしまうという現象が起きることだ。そのため成長の角度に注意しなければならない。

いずれにせよ、**先発の商品の動きを観察し、D・P点を見極めた上で後発組は参入することが重要だ。**

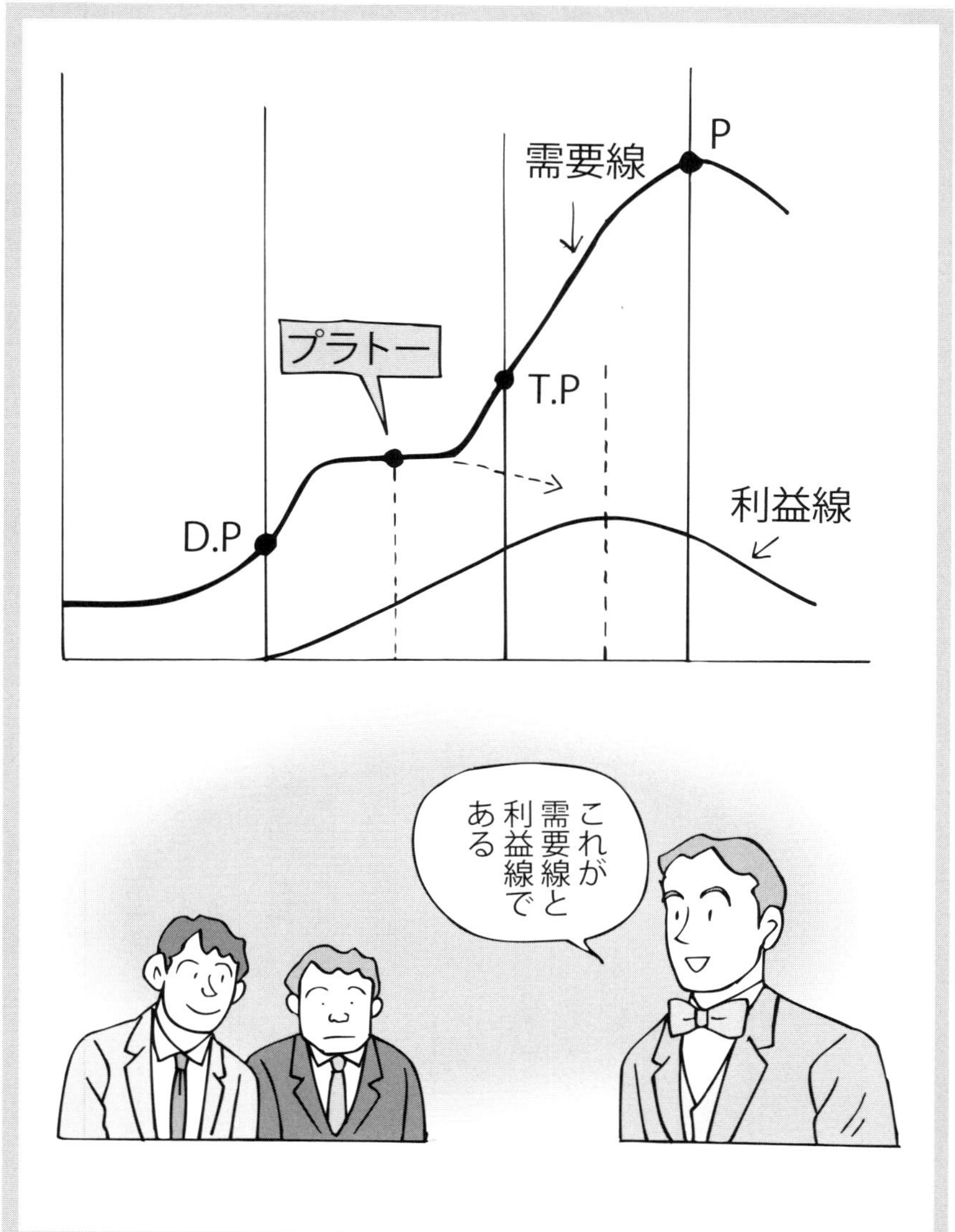

先発の商品の動きを観察し、D・P（デシ・ピーク）点を見極めた上で参入しよう。

031 プラトー現象と商品の複数化

◎商品の普及が一時的に止まるプラトー現象

導入期の後に成長期に入ると、中間地点か比較的早い段階で横ばいになる現象が現れる。成長期は決して順調に継続するわけではないのだ。

この**横ばいの段階をプラトー現象**と呼ぶ。一般的に商品の普及率が**10〜15%**に達すると見られる現象だ。

日本でも8割の商品にはプラトー現象が見られる。例えばカラーテレビも6か月間ほどのプラトー現象が続いた。

なぜプラトー現象が起きるのか。これは市場への参入方法に関係があり、**商品をアッパー・クラスから普及させた場合、このクラスへの商品の普及が一巡すると、その段階で一時的に普及が止まるために生じる**のだ。

◎見極めが難しいプラトー現象後の動き

プラトー現象が生じると、その後は再び上昇を始める場合と落ち込んでしまう場合がある。この落ち込みをライフサイクルが終わったと誤判断して新製品の寿命を終わらせてしまう失敗もあり得る。

そのため、プラトー現象の後の判断は難しいが、**このタイミングから先発企業の開発利益が上昇を始める。**そこを見計らった後発組が参入するタイミングでもある。

◎成長期の戦略

こうしてアッパー・クラスに普及したら、次にミドル・クラスに普及させる必要がある。このとき、導入期には狭くしていたチャネルを広げるという戦略が考えられる。

また、チャネルを広げると同時にとるべき戦略は、製品ラインの複数化だ。それは、このタイミングで後発組が先発組に対する差別化として、一捻りした商品を投入してくるためだ。そこで先発組も、それに対抗して製品ラインを複数化する必要に迫られるようになる。

この時期はポスト・プラトーと呼ばれ、後発組にとっては市場参入への重要なポイントになる。

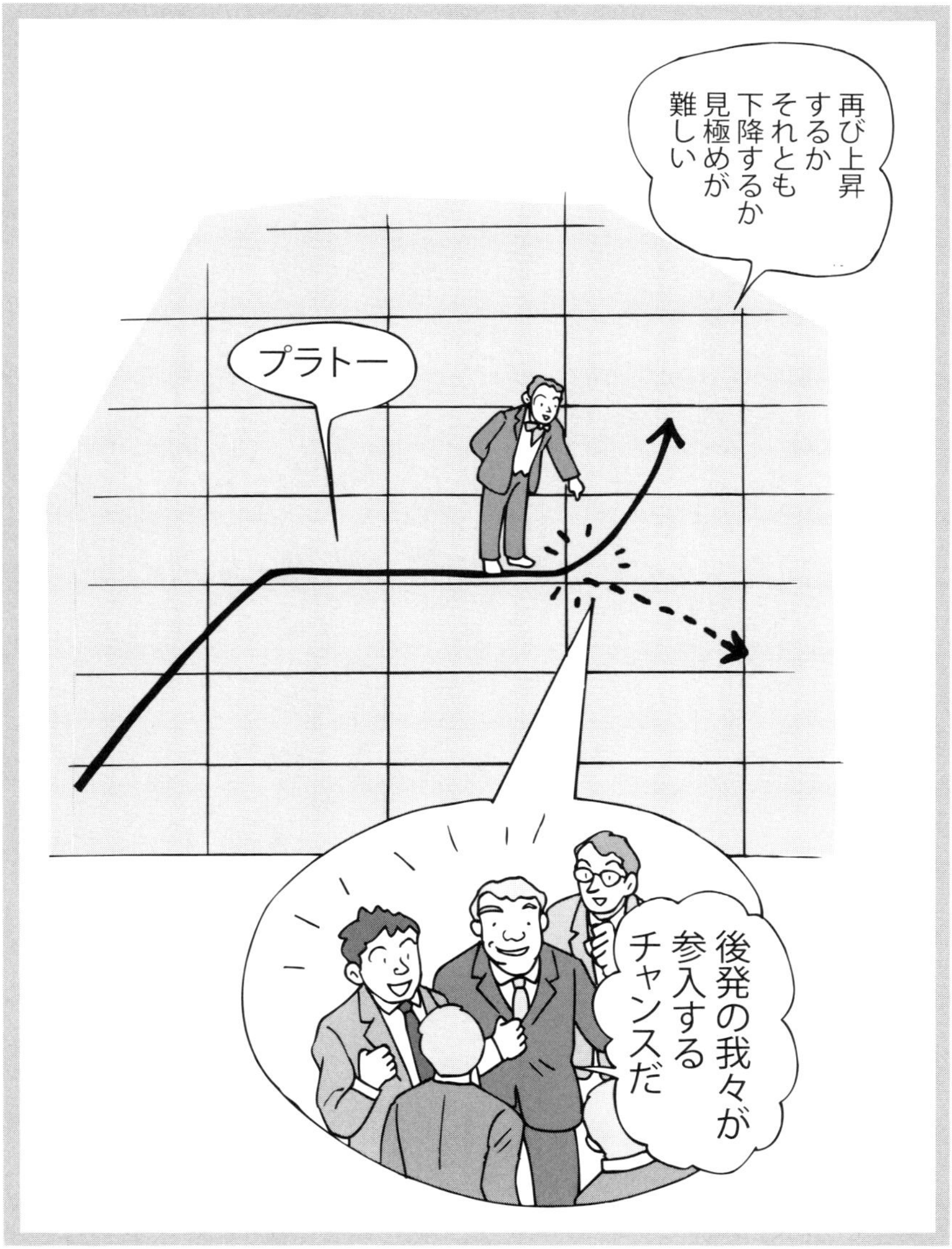

商品の普及が一時的に止まる「ポスト・プラトー」の時期は、後発組にとっては市場参入の重要なポイントになる。

032

シェアの均衡が崩れるT・P点（転換点）

◎T・P点を判定する三つの基準

成熟期は成長期の次の段階だ。その境目にはT・P点（転換点）が存在する。このT・P点（転換点）の判定は難しく、商品の普及率が50～60％に達した時点に差し掛かっている。

T・P点（転換点）の判定の目安には、三つの判断基準がある。

一つは**需要の伸びの鈍化**だ。もっとも、この鈍化の判断もデータの処理方法により異なってくるため簡単ではない。単位当たりの数量データで変化を捉える必要があり、金額のデータでは変化を捉えることができない。

◎後発の基本戦略はセグメンテーション

二つ目は**先発と後発の占拠率の変化**だ。成熟期になると、当初は50対50で均衡していた先発と後発のシェアのうち、先発のシェアが落ちて後発のシェアが上がってくるのだ。

この段階になると、先発は徹底的な寡占化を図る戦略を採用する必要がある。それも値下げによるのではなく、販売促進などの働きかけにより占拠率を上げるのだ。

一方の後発は、先発のライフサイクルが現在どの段階にあるのかを見極めて参入方法を決めなければならない。それも、低価格で参入するか、高価格で参入するかの選択がある。後発は、セグメンテーション（細分化）を基本戦略とする必要がある。

例えば、高齢者用スマートフォンならインターフェイスをシンプルにしたことを特徴にするなどしてターゲットを絞ることである。価格も低ければ良いというものではない。あえて高級志向で勝負することも差別化の一つとなるためだ。

◎新規の参入が止まる条件

そして三つ目は、**新規の参入が止まる**という成熟期の特徴の一つが判断基準となる。この場合は、先発が圧倒的な占拠率を押さえているか、主要なチャネルを押さえているなどして参入の障壁を築いていることが条件になる。

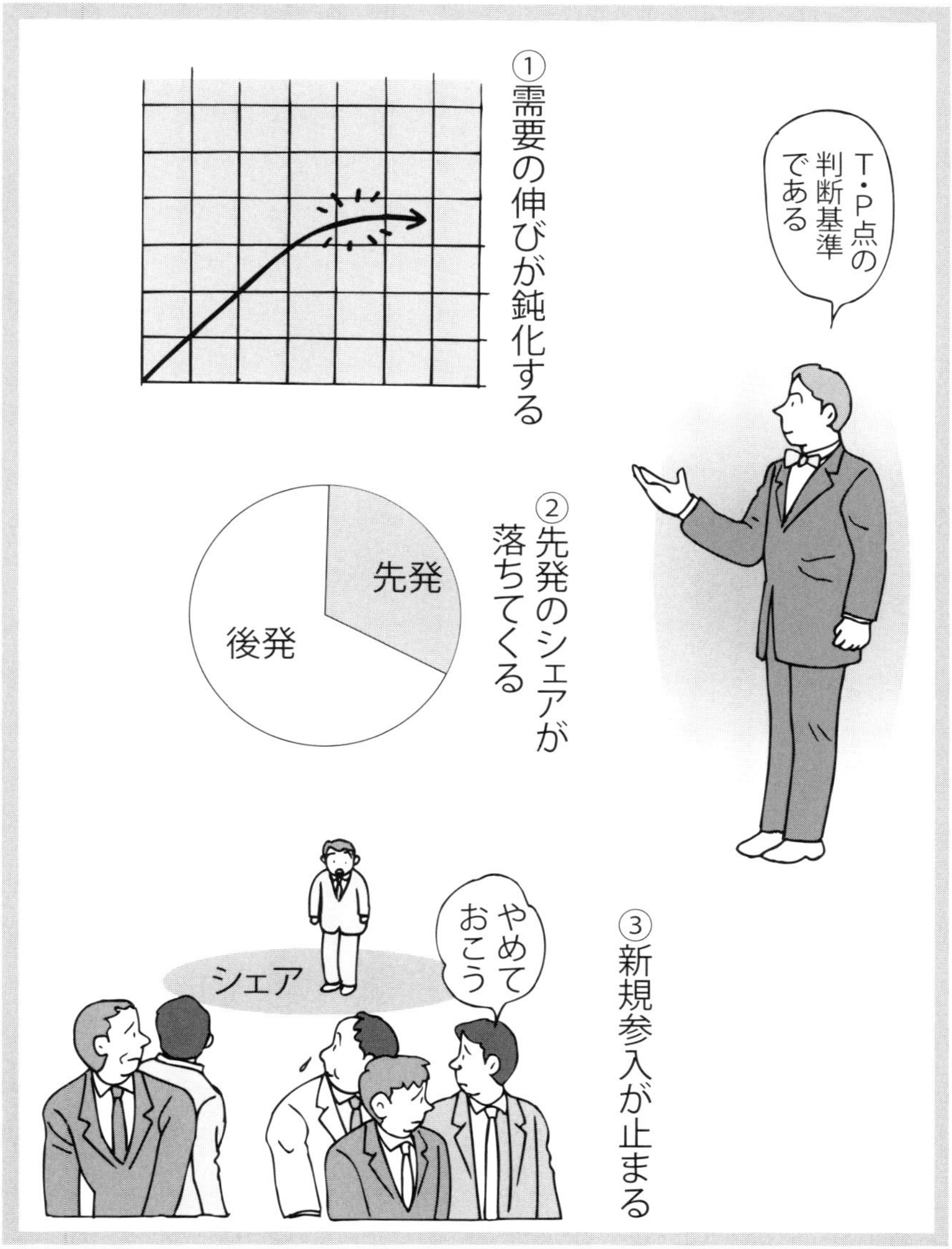

成長期と成熟期の境目（商品の普及率が 50 ～ 60％に達した時点）にはＴ・Ｐ点（転換点）が存在する。

033 「グー・パー・チョキ理論」と導入期の特性

◎**成長過程の戦略「グー・パー・チョキ理論」**

ここでは、成長過程の各ステージでとるべき戦略について説明する。

成長過程のステージごとの戦略に、「じゃんけんポン理論」と呼ばれる理論がある。別名「グー・パー・チョキ理論」とも呼ばれ、ステージごとの対応を「グー」「パー」「チョキ」で示したものだ。

この戦略について説明する前に、まずは導入期の特性について見ておきたい。

◎**導入期の10の特性**

成長法則における導入期には、二つの捉え方がある。

一つはプラトー現象までを導入期とする捉え方で、もう一つはデシ・ピークまでを導入期とする捉え方だ。

いずれにせよ、導入期はトライ・アンド・エラーの期間と考えられる。そのため、導入期には10の特性がある。

一つは**新製品の販売量が緩慢に伸びていく**こと。

二つ目は**直接競合する商品がない**こと。

そして三つ目は、**高所得者層に集中的に販売される**ということだ。

四つ目は導入期がトライ・アンド・エラーの期間であるため**製品の仕様が頻繁に変更される**ということだ。

五つ目はまだ**製造コストが高い**ということ。そのため、ライフサイクルにおける導入期には、赤字の場合が多い。

六つ目は**商品に差別化ができている**ことで、

七つ目は**製品ラインが狭い**ことだ。その狭さが戦略となる。

そして八つ目は、まだ知られていない商品を告知するために、**広告費、つまりマーケティング・コストが高く付く**こと。

九つ目は**チャネルが限定されている**こと。

そして最後の十番目は、新製品の開発を行うことで新しい需要を創造しなければならないため、**産業需要の改革・革新が行われる**ことが挙げられる。

成長法則における導入期には、プラトー現象までと、デシ・ピークまでの二つの捉え方があり、十の特性がある。

034 絞り込む「グー」の戦略

◎「グー」は一点集中主義を表す

それでは**「じゃんけんポン理論」**または**「グー・パー・チョキ理論」**の説明に入りたい。

まず、**「グー」は、拳を握りしめて突き出した状態で、これは一点集中主義で攻めることを表している。**

導入期には、顧客層をセグメントし、ターゲットの属性を絞り込むことが有効だ。客層を絞り込むことでも良いし、地域を限定することでも良い。つまり、消費母体を推定して攻める必要がある。

そのため、広告も万人を対象としたメディアを使うよりも、口コミやチラシなどが向いている。インターネットの場合は検索のキーワードで利用者が絞られるリスティング広告や、閲覧しているコンテンツでユーザーを絞り込めるコンテンツ連動型広告配信サービスも有効だ。逆に、新聞やテレビなどのマスメディアでは無駄が多すぎる。

◎導入期は製品ラインを絞り込む

導入期は市場の反応が予測できないため不確実性が高く、トライ・アンド・エラーを繰り返すことになる。そのため製品デザインや仕様の変更は織り込み済みである必要がある。

商品のラインナップも一本か、少なめに絞って勝負するべきだ。チャネルを狭くすると同時に、販売ルートを含む流通チャネルも絞り込む。つまり、併売店を避けて専門店などに絞り込むのだ。

導入期には確率戦を避けるべきである。

◎導入期は価格を高めに設定する

導入期の価格は高めにする。これは、導入期には生産コストやマーケティング・コストなど、全てのコストが高めになるためだ。

また、導入期には競合がまだ参入してこないため、価格競争が始まっておらず、自らが相場を形成する先駆者になる。価格の調整は、知名度が上がり量産体制が進み、競合の参入による相場の変化が起きたときに行えば良い。

以上が、「グー」の戦略になる。

導入期には「グー」の一点集中主義で攻める。顧客や広告媒体、商品ラインナップや販売ルートを絞り込み、確率戦を避ける。

035 拡大する「パー」の戦略

◎「パー」は拡大路線の戦略

「パー」は手のひらを開いた状態で、拡大路線の戦略を意味している。

成長期には販売量が、数量と伸び率が共に二次曲線的な伸びを見せる。これは限られていた消費母体が上の階層から下の階層へ広がり、あるいは同じ階層でも男性から女性へ広がるというように波及効果をもたらすためだ。

このほかの成長期の特性は、**後発の参入による競合製品の登場と増加、大がかりな仕様変更が初めて行われる、大幅な量産の開始、中所得階層が重要化する、販売チャネルの拡大、販売業者が各種ブランドを取り揃える、価格低下が始まる、利益が増加する、選択的需要が始まる、新製品の不況に対する抵抗**などとなる。

これらの特性は、成長期の範囲の捉え方やプラトー現象の前後で変わってくる。

◎プラトー現象に備えた改良・差別化対策を

プラトー現象の後から本格的な成長期の戦略が実施されるが、先発は予め成長期にプラトー現象が起こることを予測して早めの対策を立てる必要がある。それは、後発で参入してくる競合に対する自社製品の改良や差別化という重要な戦略となる。つまり、競合に対する戦略の重要性が高まる段階になる。

◎製品ラインの多様化で利益をキープ

顧客の層が広がると、流通チャネルが単一ルートでは不足してくる。そのため、チャネルを拡大することが必要になる。

また、後発が参入してくることでブランドが多様化するため、販売店も併売店が増えてくる。このため、店舗ごとの店内シェアの確保にも力を入れなければならない。

競合の参入による価格の低下に対して利益を維持するためには、製品ラインを高級品、スタンダード、廉価版といった多様化で対応する。

このように、成長期には「グー」から「パー」へと戦略を移行する必要がある。

成長期には「パー」の拡大路線の戦略で攻める。製品ラインや流通チャネルを拡大し、幅広い層を取り込んでいく。

036 切り捨てる「チョキ」の戦略

◎成熟期の特性

「チョキ」は指でハサミの形を表しているように、切り捨てる戦略を示す。

成長期から成熟期に入ると、商品の普及率は60%程度に上昇している。この段階では販売量は増加するが、最も多数派であったターゲット層は限界に近づいているため、伸び率が停滞する傾向が出始める。

この状態を見極めることで、成長期から成熟期に転換したことを判断するのだが、見極めは難しい。

また、成熟期になると、低価格支配が始まり、広告力やブランド力も低下してくる。また、メーカーとディラーが対等になること、占拠率が売上の伸び率を決定づけること、そして景気変動の影響が企業ごとに訪れることなどの特徴が表れる。

◎品質による差別化から用途上の差別化へ

メーカーがモデルチェンジを頻繁に行わなければならなくなるのが、販売量の伸び率に陰りが見えてきたときだ。

この段階では同時に、品質の差別化からデザインの差別化へ、あるいは用途上の差別化に移行していく。このようにサービス競争の色合いが濃くなり、利益率は落ちてくる。

また、広告効果が減少してくるのもこの時期であるため、広告費を削減してその分をセールス力向上のために注入する時期になる。ここから占拠率競争の場になるためだ。

◎成熟期は拡大路線から「チョキ」でカットへ

寡占化の進行と共に、トップに対する2位と3位の差別化戦略の重要度が高まってくる。そのため、ナンバーワンと言える特徴をいくつ持っているかということが重要になる。

このナンバーワンを持つために、弱者は狭く参入する戦略が必要になる。

拡大路線を取ってきた成長期とは異なり、成熟期には「チョキ」、すなわち**低占拠率のブランドを切り捨てていく**必要がある。

成熟期には「チョキ」で低占拠率のブランドを切り捨てて、拡大路線から転換する。

037 後発組のキャッチアップ

◎戦略を誤る三つの原因

ここまで、成長段階ごとに戦略が変化することを説明してきた。そこで、強者と弱者の戦略をまとめておきたい。

成長の段階に応じた戦略をとることの重要性を説明してきたが、これを軽視してしまうと、先発で強者であった企業が、後発の弱者にキャッチアップされて立場が逆転してしまうことがある。

この逆転現象には、主に次の三つの原因がある。

- **後発が参入してくる時期を読み間違えたか、そもそも予測していなかった。**
- **強者の立場であることで後発弱者に油断し、戦略の転換を怠った。**
- **成熟期になっても「カット」戦略を怠ったため、不採算ラインを抱えてしまった。**

◎戦略転換が手遅れになってはならない

後発組が参入してくるのは、必ず成長曲線の節目である。すなわち、デシ・ピーク（D・P）点やプラトー現象、転換点（T・P点）だ。

先発者でも、この予測と対策としての戦略の転換がなければ、後発組にキャッチアップされてしまう。

例えば世界最大のスーパーマーケットチェーンである米ウォルマートは後発組だった。それまでスーパーマーケットの出店は10万人以上の人口が必要という、先発組が業界の常識としていた考え方の間隙を縫うように、ウォルマートは1万人規模の都市に小型店を多数出してネットワーク化するという戦術をとった。しかし先発組のKマートなどはこの戦術を理解できずに没落していった。

◎新たな後発に油断しない

こうして30年以上にわたり小売業界に君臨してきたウォルマートにも、インターネットという新しい販路を使うことで価格優位に立つ後発組のAmazonに追い詰められていくことになる。

このように、後発強者も次なる後発強者に油断してはならないということだ。

後発組が参入するのは必ず成長曲線の節目だ。先発者でも節目ごとに戦略の転換がなければ、キャッチアップされる。

038

顧客階層の区分

◎顧客階層を四つに区分する

顧客対象のセグメンテーションはランチェスター戦略において重要な部分だ。そこで、ここからは顧客階層の区分について見ていきたい。

様々な階層の区分方法があるが、現在主流となっているのはイリノイ大学のベル教授による区分方法だ。その階層は四つの区分がされており、上から**スキミング層**、**イノベーター層**、**フォロアー層**、**ペネトレーション層**である。

◎スキミング層は景気に左右されない

スキミング層は年収2000万円以上の高額所得者で、代表的なメーカーや総合商社などの大手有名企業の経営陣に属するような階層だ。

スキミング層の特性は、経済的に不自由していないため、価格には鈍感である。また、景気の動向にも左右されない。しかし、購買に関する意思決定にいたるシステムが確立されていることが多い。

また、ブランドで購入を決めることはなく、特定の企業のファンでもない。

◎イノベーター層は自己顕示欲が強い

次に二番目の階層である**イノベーター層**は、その下のフォロワー層から登ってきた人達であるため、弱者だった経験を持っている。そのことからスキミング層にはコンプレックスを持つと同時に対抗心も持っている。

そのため、自己顕示欲が強く、見せびらかしたいという衝動に動かされるため、最高級品の腕時計や車などを所有したがる傾向がある。

ところが高級志向でありながら、実際には価格にも敏感だ。しかし見栄が強いため、世間体を気にして価格にこだわっているそぶりを見せたがらないという、屈折した消費志向を持っている。

とはいえ、この層は「先買い層」とも呼ばれ、新しい商品にはすぐに飛びつく程好奇心が旺盛という特徴も持っている。

そのため、新製品を投入する際には重視すべき層である。

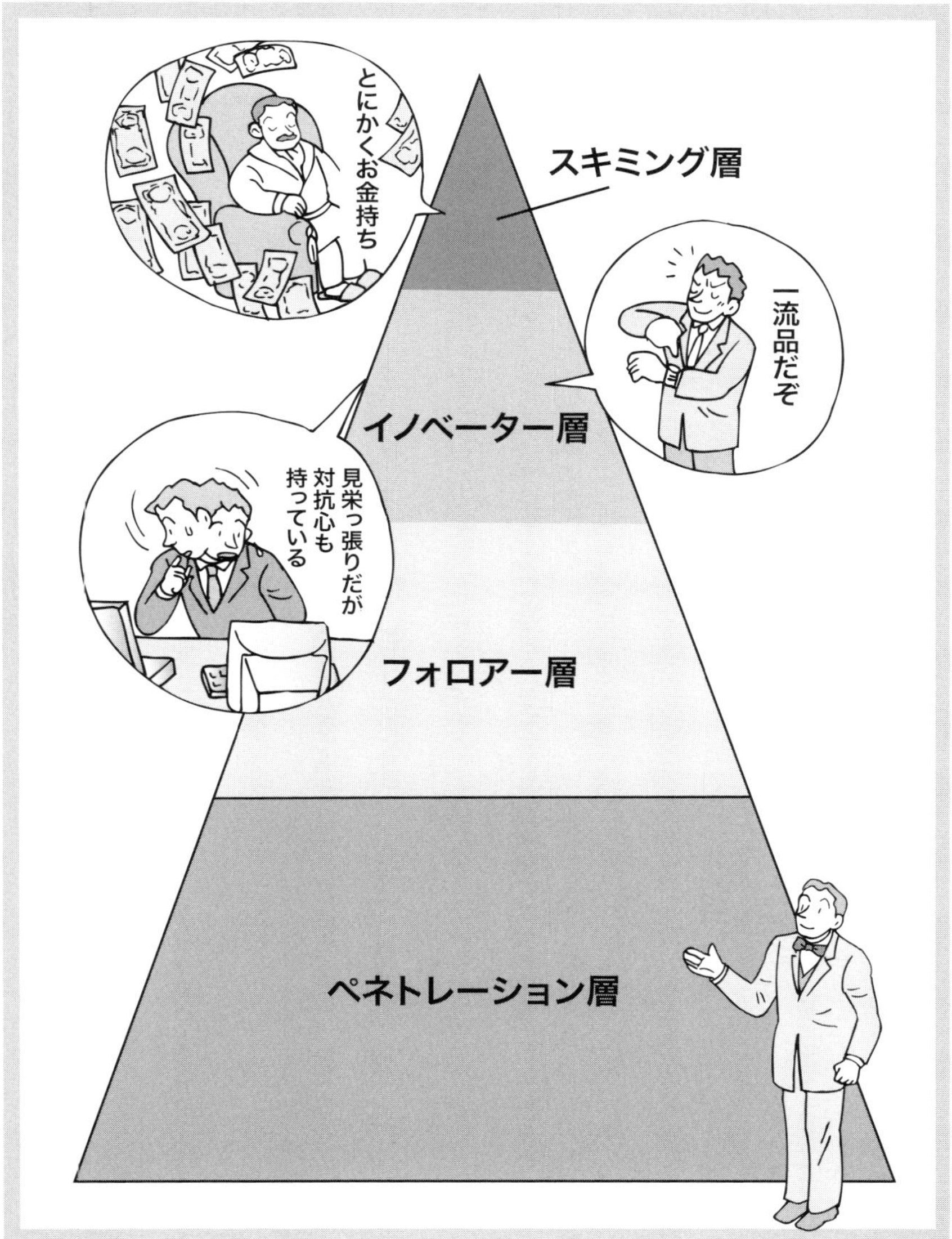

顧客セグメンテーションには、スキミング層、イノベーター層、フォロアー層、ペネトレーション層の区分が参考になる。

039

市場参入と四つの層

◎**フォロアー層は成長の担い手**

フォロアー層は成長期の担い手であり、スキミング層、イノベーター層に続く層だ。フォロアー層が全体の30～35%にも達するのに比べて、スキミング層はわずか3～4%、イノベーター層も10～15%でしかない。

フォロアー層には、流行には敏感ながらもすぐには飛びつかず、周りに買う人が出てきたところを確認してから買うという特徴がある。

その特徴から、商品が浸透し始めると流行の中心的な担い手となる。つまり、**イノベーター層が導入期の担い手**であったのに対して**フォロアー層は成長期の担い手**となる。

フォロアー層は景気動向に左右されやすく価格に敏感だが、上の層に劣等感を抱くようなことはない。一方、景気が良いときはイノベーター層に引きずられ、景気が悪いときにはペネトレーション層に引きずられる。

◎**ペネトレーション層は価格で動く**

さて、フォロアー層の下の**ペネトレーション層**は浸透層と言われる。この層は年収が400万円以下で、数では40～50%と最も多くなる。

ペネトレーション層には、安ければ買うという価格に左右される特徴がある。そのため、価格が手ごろであれば、ブランドにもこだわらないし、中古品でも構わない。また、景品付きといったインセンティブにも左右されやすい。

そのほか、有名人や芸能人が着ている服であるなどといったいわゆる後光効果にも弱い。

◎**市場参入の二つの方式**

市場に参入する際は、これらの**四つの層のどの階層をターゲットとするか**というコンセプトを明確にしておく必要がある。ターゲットを明確にしないままに新製品を投入すると、結果的にはロスが大きくなる。

このとき、**スキム方式**とは上の二階層を狙って市場参入する方法で、**ペネット方式**とは下の二階層を狙って市場参入する方法を示す。

四つの顧客区分のうち、どの階層をターゲットにするか、コンセプトを明確にしておく必要がある。

040

新製品とスキム方式

◎スキム方式で高所得者層を狙う

スキム方式（スキミング・ポリシー）とは、新製品を市場に投入する際に、高所得者層をターゲットとする参入方法だ。

そのため、大型の問屋やデパートから入る方法が採られる。この方法は先発に有利な参入方法で、日本では多く採用されている。

これは、**新しい流行は上から下に流れるという法則を利用したものだ**。新製品の参入時には、マーケット・リーダーであるイノベーター層に届けることが流行になりやすい。

◎高額品の販売はスキム方式に限る

スキム方式は、顧客対象を明確にしてリストアップする必要があるような商品の販売に向いている。これは、最初は用途や販路を限り、量産しないような商品についても同様となる。つまり新規参入時は弱者の一点集中主義が有効であることを示している。

また、最高級の宝飾品などもスキム方式が適している。

元々フォロアー層では高額商品に触手が動かないためだ。そのため、価格に鈍感なスキミング層を狙うべきである。

同時に、標準価格を上回る価格を打ち出すことは、価格に鈍感なスキミング層だけでなく、見せびらかしたいという欲求の強いイノベーター層の虚栄心にも働きかけることができる。

逆に、新商品を低価格で打ち出してしまうと、プライドが高いイノベーター層は触手を動かさなくなってしまう。

◎マスコミ広告よりもきめ細かなアプローチで

スキム方式を採用する場合、マスコミを使った広範囲なマス広告は無駄が多く、ターゲット側にも選ばれた感が薄くなる。そのため、よりきめ細やかなアプローチが必要とされる。

雑誌広告を使う場合でも、幅広く読まれる大衆紙よりも、スキミング層が読む雑誌に絞り込むことが適している。また、ＤＭで直接告知するような方法も適している。

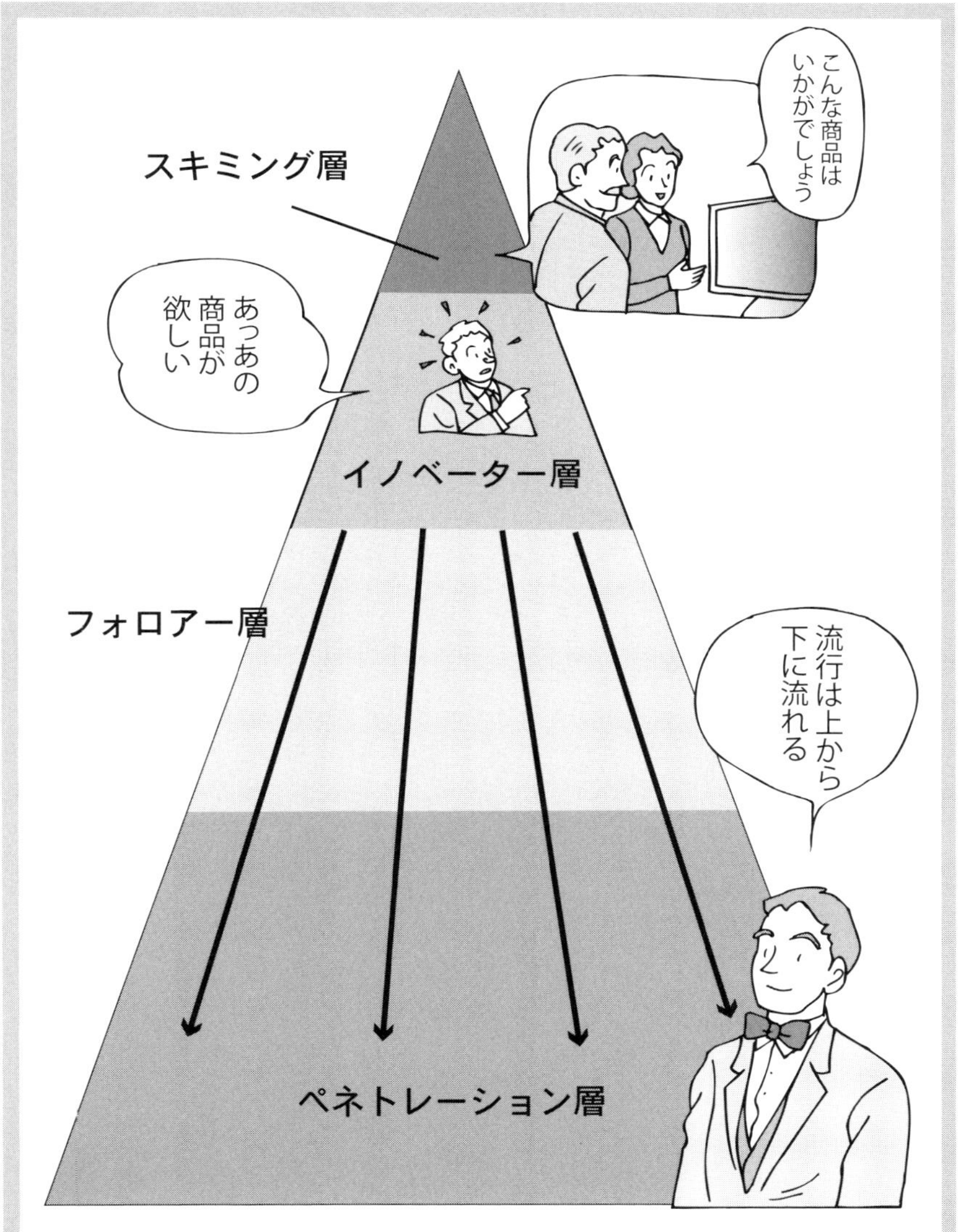

スキム方式は新製品を投入する際に、スキミング層やイノベーター層といった高所得者層をターゲットにする参入方法だ。

041

量産化とペネット方式

◎後発組の差別化戦略としてのペネット方式

スキム方式がスキミング層とイノベーター層と狙ったのに対し、**ペネット方式はフォロアー層とペネトレーション層を狙った市場参入方式**だ。

またスキム方式が先発組の市場参入に用いられることに対して、**ペネット方式は後発組の大量生産による差別化戦略として用いられたり、プラトー現象を避ける手段として用いられたりする。**

◎ペネット方式を選択する基準

ペネット方式を採用する基準としては、まず大衆的で単位当たりの生産コストが低い商品であることだ。これは強者や先発に対して低価格で勝負することが前提になっているためだ。そのため、サービス用品や消費財的な量産可能な商品に多く採用される。

次に、需要の増加にしたがって量産することにより、原価が下がり続け生産コストが節約できる商品であることだ。

このようなペネット方式は、先発が、追随してくる競合の参入を抑えたいときにも採用される。このとき、後発としては先発の低価格化をさらに下回る価格で勝負することを強いられる。

◎ペネット方式で成功した企業

ペネット方式を採用した企業では松下電器（現パナソニック）が有名だ。

スキム方式で新製品を出したソニーなどの商品の動向を見極めた上で後発参入する戦略をとっていたためだ。そのため「マネシタ電器」などと揶揄されることもあった。

また、高級品としての地位を定着させていたロイヤルゼリー製品市場に低価格で後発参入してシェアを広げた健康食品のファンケルも有名だ。

ペネット方式が対象とする顧客層の特徴として、周囲が買うと自分も買う傾向があり、価格以外にも催し物や実演販売、景品付きなどにも影響されやすいことがある。口コミなどの接近戦が有効な層である。

ペネット方式は、フォロアー層とペネトレーション層をターゲットにする参入方法だ。

042 価格政策と市場参入

◎**価格政策の二つのポイント**

価格政策が市場参入において重要な位置づけにあることについて、さらに詳しく確認しておきたい。

価格政策にはスキム方式で市場に参入した場合とペネット方式で市場に参入した場合の二つのポイントがある。スキム方式で参入した場合の価格はスキミング・プライスで標準価格の問題がある。一方、ペネット方式で市場に参入した場合は割安の価格が設定される。

新商品を市場に投入する際は、一般的に標準価格を上回った価格設定を行う。問題はこの標準価格の割り出し方だ。

多くの場合、価格を設定するためにはコストに管理費と適正利潤を加えた原価加算主義が思いつくが、実はこれこそ正しいと言えるような価格の決定方法はない。そのため、価格は常に任意価格であるという考え方もできる。

◎**標準価格の二つのライン**

標準価格にはスキミング層の下限のラインと、フォロアー層の下限のラインの二つがある。

スキミング層の下限のラインをやや上回った所に設定される導入価格が**スキミング・プライス**であり、フォロアー層の下限のラインをやや上回った所に設定される導入価格が**ペネトレーション・プライス**だ。

◎**戦略的ではない価格設定は失敗する**

ところで、**標準価格はイノベーター層とフォロアー層の中間を狙ったところにあるだろうという考え方は間違いだ**。そのようにして設定した価格は、イノベーター層から受け入れられない。この層では高いものに価値を見いだすためだ。しかもフォロアー層もイノベーター層に追随するため、このような価格設定は失敗する。

市場への投入には、市場の対象を見定めた上で、標準価格をやや上回った価格を設定すべきである。

一方、ペネット方式で市場に参入する際は、先発や強者に対して**2割以上低価格**にして勝負するべきと言われる。

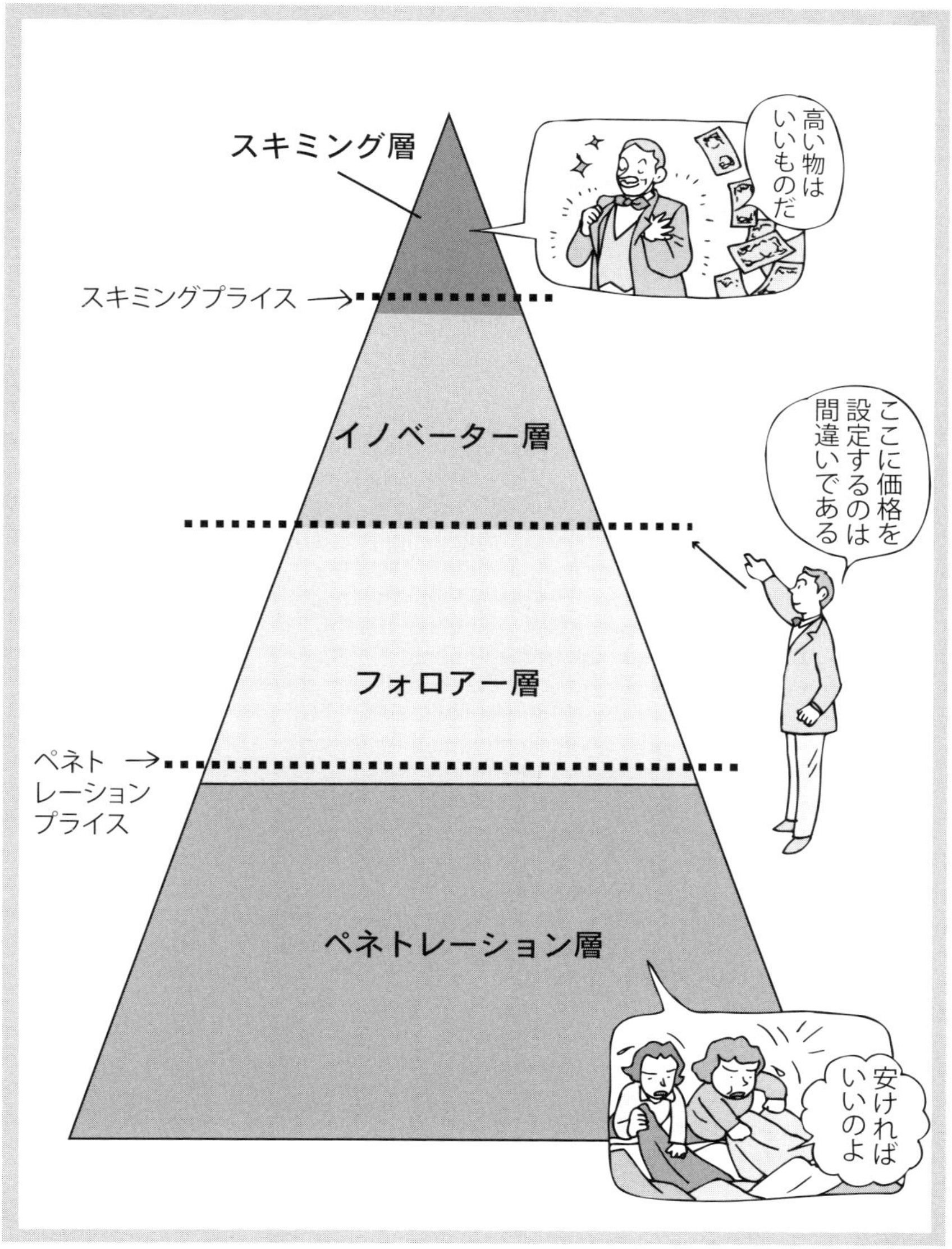

標準価格は「イノベーター層とフォロアー層の中間を狙ったところにある」という考え方は間違いだ。

043

商品の四つの分類

◎**商品を成長度と魅力度で四つに分類**

新製品で市場に参入することは、多角化の問題とも絡んでくる。それは、製品ラインの増加や新規事業の設定となるためだ。

この多角化においてはプロダクトラインの原理とプロダクトミックスの原理という二つのマーケティング理論がある。

ここではプロダクトラインの原理について触れたい。この理論では、商品群を四つに分類する。縦軸でシェアの成長を表し横軸で魅力度を表す表を作成し、その表のエリアを四つに分類する。

◎**「明日の担い手」から「過去の栄光商品」へ**

四つのエリアのうち、右上に属するのは商品のシェアの成長度が高く魅力度も高い商品で、将来的な需要が増加する**「明日の担い手」**である。これはいずれ右下の**「金のなる木」**に変わり「今日の担い手」である稼ぎ頭になる。ただし、成長度は低くなっている。とはいえ、売上高の点からも粗利の点からも、比重が大きい重要な商品群であると言えるのだ。

左上はシェアの成長度は高いが魅力度が低い**「問題児」**と呼ばれる商品になる。

そして左下はシェアの成長度も魅力度も低く、「過去の栄光商品」や「未練商品」、「社長の趣味商品」などと呼ばれ、もはやライフサイクルが終わり、これ以上の投資は困難な商品である。

◎**ライフサイクルに注意してポートフォリオを組む**

商品を四つに分類する場合、注意しなければならないことがある。それは、**商品はライフサイクルに従い、常にエリアを移動している**ということだ。そのため、ポートフォリオを組むためには常に各商品のバランスを考えなければならない。その上で、**将来を予測しながら商品の入れ替えや多角化を進める必要がある。**

そしてライフサイクルが終わった商品は、速やかに撤退して業績を悪化させないようにしなければならない。

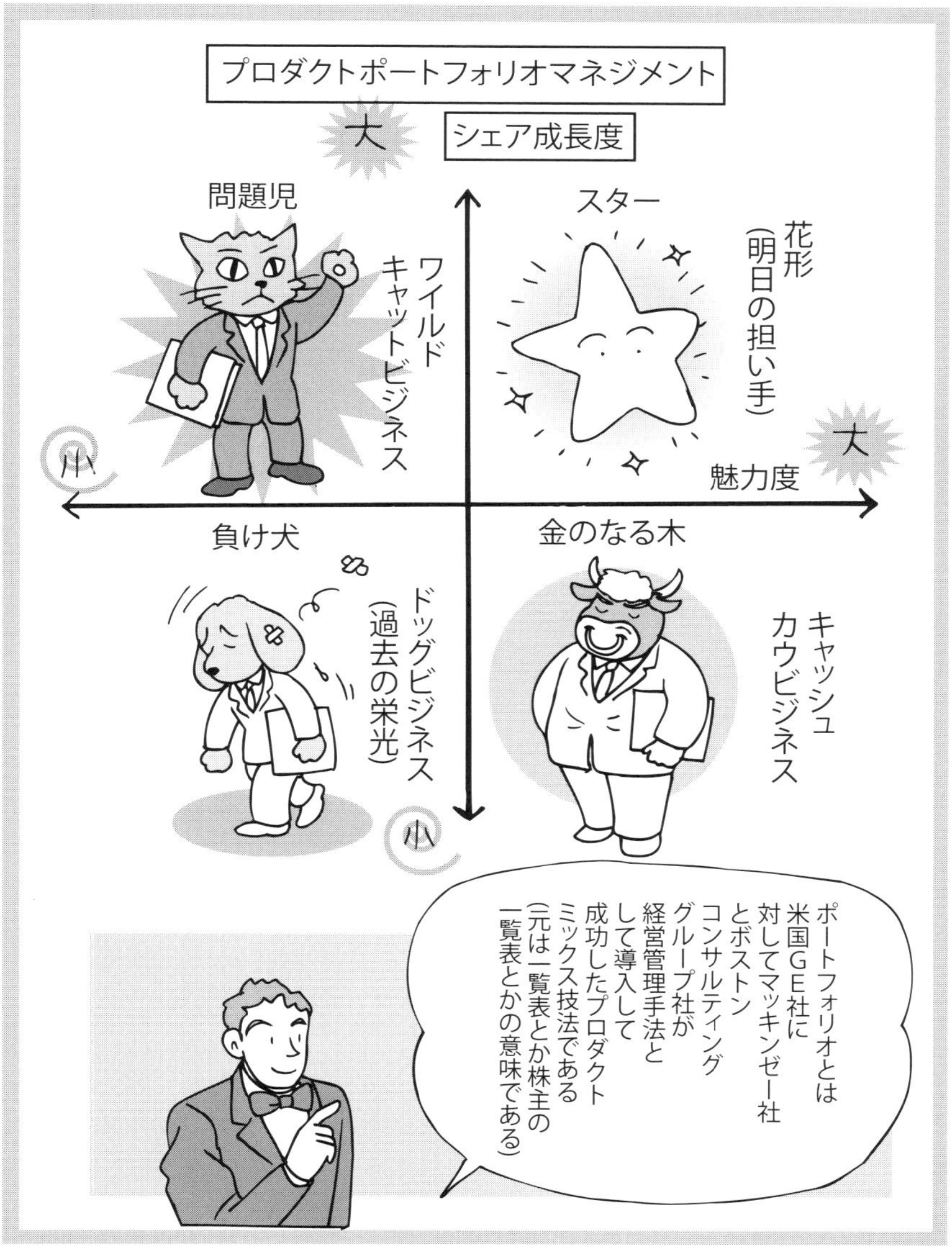

商品群は四つに分類され、そのライフサイクルに従って常にエリアを移動している。

044

二つのプロダクトミックス

◎**追加型ミックスで商品のライフサイクルを伸ばす**

プロダクトラインに続き、プロダクトミックスについて確認しておこう。

プロダクトラインが商品の量的な組み合わせであったのに対し、プロダクトミックスは商品と商品の質的な組み合わせの問題を示す。

また、プロダクトミックスには二つの意味がある。一つは**商品を追加して組み合わせる**ことであり、もう一つは**商品を相乗効果が出るように組み合わせる**ということだ。

商品を追加して組み合わせるというのは、商品のライフサイクルが短くなってきている成熟市場において、**モデルチェンジや高級版などを組み合わせることで系列としての商品のライフサイクルを伸ばしていく**ことを示す。

◎**相乗効果型ミックスで組み合わせ商品を売る**

もう一つのミックスは商品間の相乗効果を狙う場合で、**一方の商品が売れれば、それに吊られてもう一方の商品が売れる**ことを示す。

例えばインクジェットプリンターとそのインク、パソコンとインターネットへの接続用ルーターがこれに当たる。

つまり、多角化を商品の量的な問題だけで捉えずに質的な組み合わせについても捉えておかなければ、ある商品が売れ出した途端に別の商品が売れなくなったという事態が起きかねない。

◎**守りの組み合わせと攻めの組み合わせ**

さらに商品を守りの商品と攻めの商品に分類して組み合わせる考え方もある。

守りの商品とは、市場力、占拠率、成長性、収益性により支えられている状態の商品だ。一方、攻めの商品とは弱者の戦略で立てられた商品で、市場や用途を絞り込んだ商品である。

例えば、市場性や成長性がなくなった商品があれば、それらの商品を撤退して攻めの商品を投入するといったバランスが必要になる。

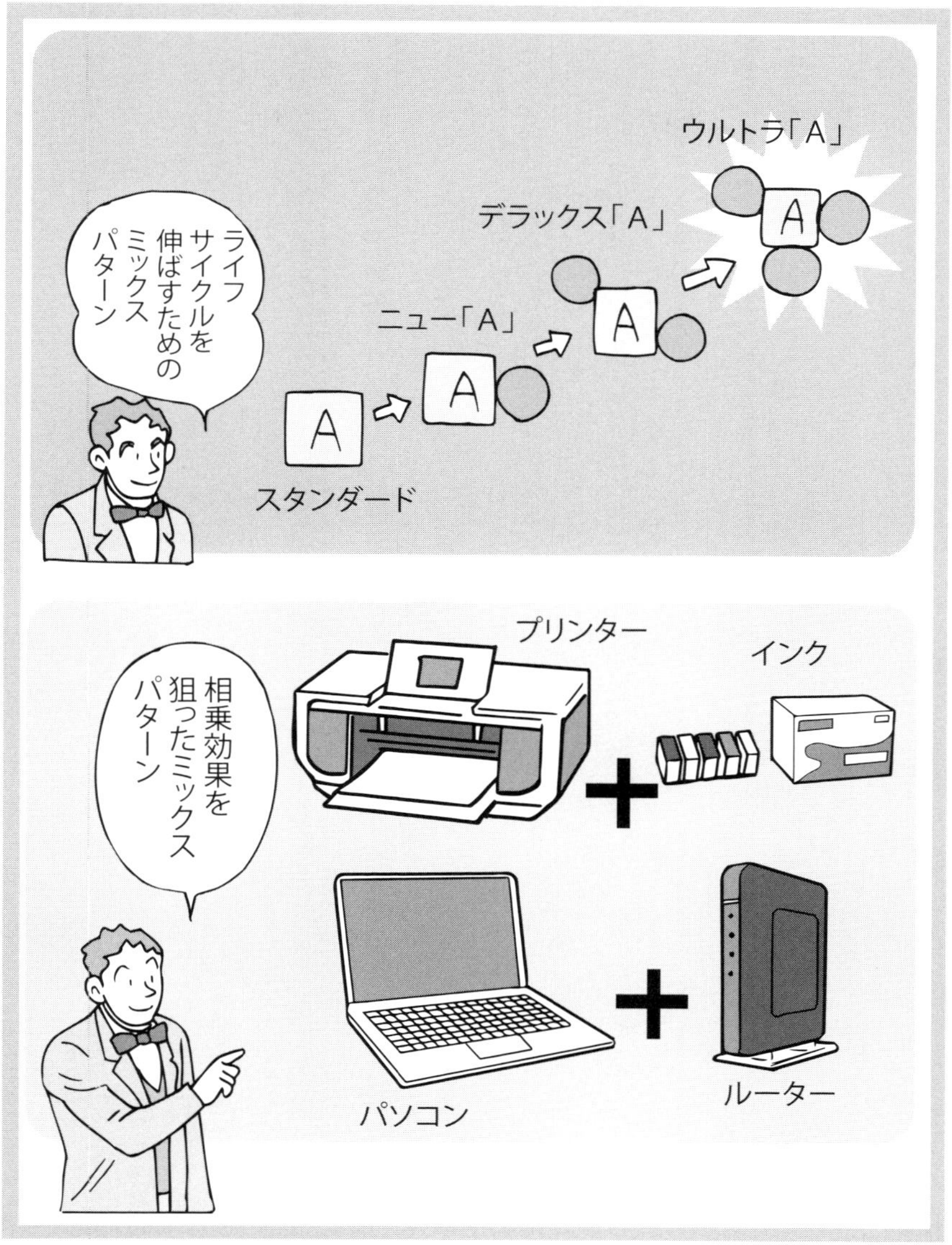

プロダクトミックスには、商品を追加して組み合わせることと、相乗効果が出るように組み合わせる二つの意味がある。

第5章

情報戦で勝つための戦略

045 成功体験を捨て、ゼロベース発想を持つ

◎**成熟社会にはより戦略的で攻撃的な発想が必要**

現在の日本における成熟社会では、右肩上がりの経済成長を望むことは難しい。多くの商品においても、その普及はすでにピークに達している。

このような時代には、企業であれビジネスパーソンであれ、より戦略的であるかどうかで格差が広がっていく。

こうした市場においては、高度成長期のように作れば売れた、仕入れれば売れた、という時代の成功体験は有害でしかない。

より戦略的で攻めの発想がなければ、企業もビジネスパーソンも生き残れない時代なのだ。

◎**過去の成功体験に縛られてはいけない**

発想の転換を行わなければ、成熟市場で戦うための戦略的な体質に変えることはできない。これは、過去の成功体験に基づく先入観や固定観念を捨てることができるかどうかにかかってくる。

つまり、**未来を過去の延長線上で捉えず、いったんゼロベースから発想することが大切だ。**

長い不況が続いた後では、構造の変換が求められているため過去のデータが通用しない。市場の変化のサイクルも、経験則では推し量れなくなっているのだ。

したがって、**経験主義や実績主義によらず、勝ち方の科学に沿った行動が求められる。**

◎**「勝つ」ためにこそ精神主義から科学的管理へ**

つまり、**ビジネスパーソンの行動の仕方や時間の使い方を、勝つという信念のもとに変えていかなければならない。**

ところが戦略的な考え方や攻めの姿勢を持てないビジネスパーソンは、どうしても過去の体験や実績に囚われてしまう。また、実績が上がらないと製品や価格のせいにし、自らが変化に適応できていないことを棚に上げてしまう。

ここで必要なのは、精神論ではなく科学的管理だ。

常に現状に適した戦略や戦術を考えて行動することである。

今こそ、経験主義や実績主義によらず、「勝ち方の科学」に沿った行動が求められる。

046 情報収集と問題意識

◎**戦略には情報が必要**

戦いにおいて、より効率良く競合に勝つための戦略を立てるには、情報が必要だ。情報がなければ、相手に勝つ手段も方法も思いつかないだろう。

漫然と業務をこなしているだけのビジネスパーソンは、マンネリ化したルーチン・ワークに安穏として日々を過ごすようになり、戦略的な活動などできなくなってくる。その結果、ライバルに引き離されてしまうのだ。

そうならないためには、自分で積極的に情報を集める活動を行うべきである。

◎**情報を得ることで問題意識が生まれる**

様々な情報が集まるにつれて、発想の転換のきっかけが増えてくる。

例えば得意先の数は思っていたより多いか少ないか、攻めるべき地域が実は思わぬ所にあった、未訪問先が多い地域に共通する特徴が見られた、得意先の経営者や担当者がどれくらいの頻度で入れ替わっていたのかなど、印象と客観的なデータでは異なることがある。

このようなことに気付くためには、**情報を集める際も、常に問題意識を持って集める習慣付けが求められる。**

◎**セールスとは市場の奪い合いである**

そして成熟社会で競争が熾烈になってくる時代に勝ち残るためには、次の前提が必要になる。

・**自分が強者なのか弱者なのかを、数値で認識できること。**

・**自分が弱者だった場合、どうすれば勝つことができるのか、勝つための場はどこであるべきか想定できること。**

・**印象や希望的観測ではなく、論理的かつ客観的に勝敗を判断できること。**

そして、販売競争とは、市場の奪い合いであることを強く認識することが必要だ。その認識ができて、初めて攻撃目標を定めることができ、どこからどのようにして市場を奪えば良いのかという戦略的な発想が生まれてくる。

戦いにおいて効率良く競合に勝つためには、問題意識を持って情報を集める習慣が求められる。

047

「データ」を「情報」に

◎問題意識が「データ」を「情報」にする

ナンバーワン企業には、得意先数、営業担当者数、代理店数などが多い分、入ってくる情報量も多くなる。これがナンバーワン企業の強みとなる。

しかし、その豊富な情報を有効に活用できているかどうかが重要だ。いくら情報が多くても、問題意識を持たないままに眺めているだけでは、単なるデータでしかない。

問題意識を持ってデータを分析し、意思決定につなげることができて初めてデータは情報となる。

◎「データ」を分析して「情報」にする

単なるデータを生きた情報に変えるためには、二つの処理が必要だ。それは、**データを分析することと、データを細分化することだ。**

データの分析とは、例えば「A市は山間の地にある城下町です」という情報を手に入れても、問題意識のない者にとっては、単なる事実であり、「A市とはそういうところか」で終わる。

しかし、問題意識があり戦略眼のある者が同じ情報を聞いたときには、「城下町なら内者が多く排他的で、外から入りにくい」特徴があることを見いだし、「すなわち確率戦になりにくい地域だ」と分析する。その結果、「ならば弱者の我が社でも一点集中で勝機がある」と行動への意思決定を行える。ここで初めて、データが情報になるのだ。

◎「データ」を細分化して「情報」にする

データを細分化する場合はどうか。

例えばB市について総人口が○万人いるという情報を入手したとする。しかし、これだけではこの情報を活かすことが難しい。そこで細分化する。

男女比はどうなっているのか、年齢構成はどうなっているのか、複数の地区に分けたとき各地域のシェアがどのように異なっているのかなど細分化してみるのだ。

すると、どの地区にどのようなプロモーションが有効で、注力すべき地域がどこかといった行動への意思決定を行う材料になる。つまりデータから情報へ変わるのだ。

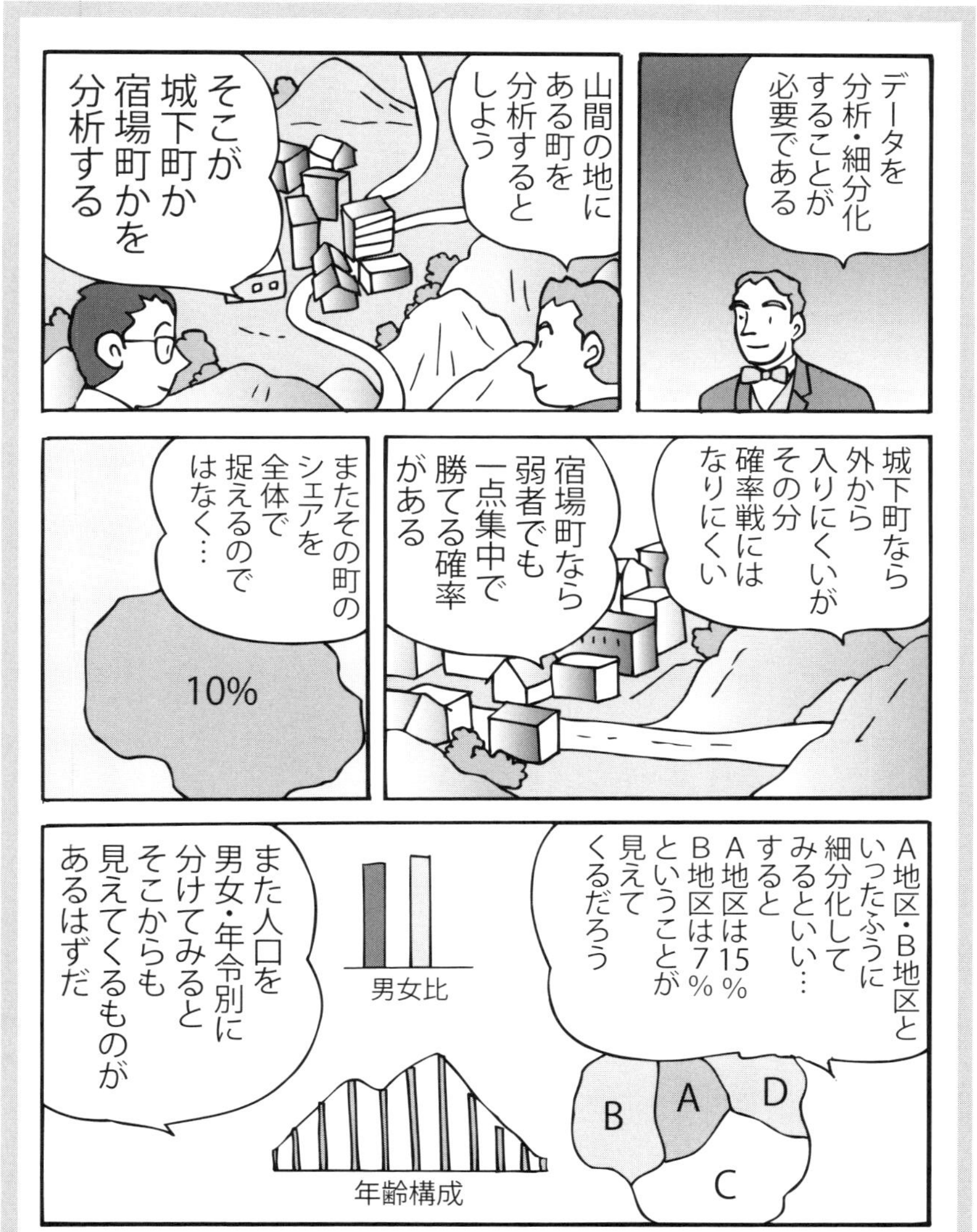

情報は、問題意識を持たないで眺めているだけでは、単なるデータでしかない。データを分析し、細分化して情報にする。

048

戦略を決める地域情報と販売情報

◎地域情報を定量的情報と定性的情報で分析する

地域情報と**販売情報**は営業マンにとって重要な情報だ。これら二つのそれぞれに、**定量的情報**と**定性的情報**がある。

地域情報の定量的情報とは数値化できる情報のことで、人口や世帯数、商店数、所得、販売数などである。一方、定性的情報とは数値化できない情報のことで、気候や風土、県民性、商習慣などである。特に**人口、所得、商業販売額は市場の三大指標**と呼ばれる。

その地域が商業地区なのか城下町なのか、あるいは宿場町なのか、そして成長市場なのか成熟市場なのかといったことを判断するために、各指標を年齢別、男女別、職業別などに細分化する。

◎競合他社の実態を見極める販売情報

販売情報については、**競合他社の実態**に関する情報を最重要視しなければならない。その情報とは、例えば競合の営業所数、支店の立地、テリトリーサイズ、営業部員数、訪問回数などになる。

これらの販売情報について、実数や伸び率を分析することが重要だが、他にも商品別や顧客層別のばらつきの分析も重要になる。なぜなら、それらの分析結果の原因を知ることが戦略につながるためだ。

◎自社の販売情報を視覚化して新たな発想を得る

情報の重要性は、他社の情報に限らない。自社の情報も把握しておく必要がある。特に**マーケットシェアを推定する前提として欠かせないのが、取引先の店内シェアの測定と納入比率**だ。

収集した情報は「見える化」するために、グラフやマップに加工する必要がある。この加工についても、営業担当者が自ら行うことで、新しい発見や発想を得ることができる。

販売情報を集めていると分かるが、情報の量と質は、営業担当者の日頃の活動成果である。そして**戦略の方向付けをするのが地域情報**で、**戦略を決定付けるのが販売情報と**も言える。

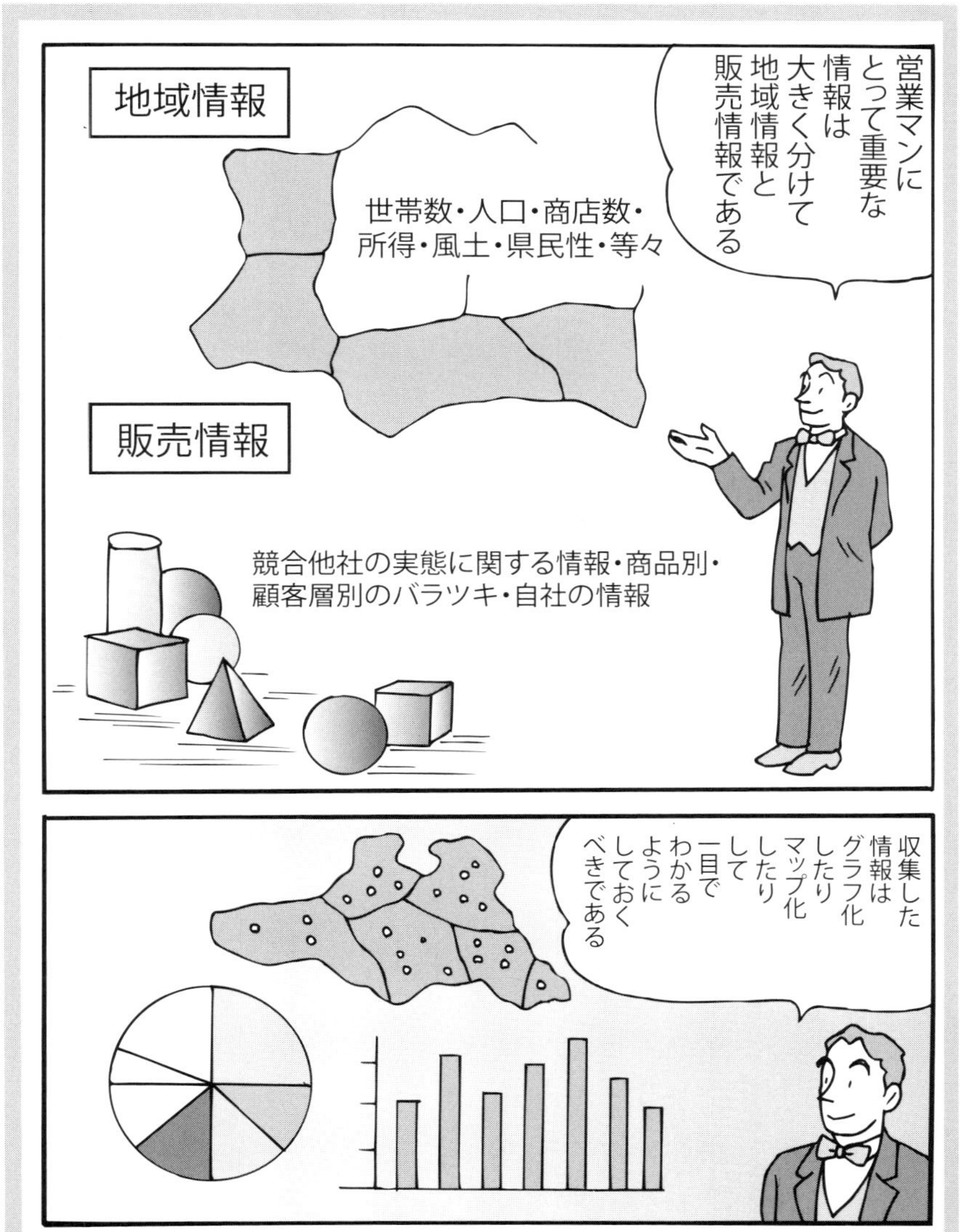

戦略の方向付けをするのが地域情報で、戦略を決定付けるのが販売情報だ。これらのそれぞれに定量・定性的情報がある。

049 ローラー調査と販売促進

◎ローラー調査で完全な調査を行う

販売情報の中でも**全顧客数**、**総需要**、**シェア**の三つは特に重要だが、これらはサンプル調査ではその実態が掴めない。そのため、ローラー調査が必要になってくる。

ローラー調査とは、完全な調査を行うことで、特定の地域や業種を選択して、対象となる全ての得意先や顧客に対して行うことを意味する。

ローラー調査でなければ、売上規模や店内シェア、競合状態、販売力などを完全に把握することはできないのだ。

◎ローラー調査は販売成果に直結させる

ところで、ローラー調査を行う際には必ず守るべきことがある。

・調査を外部に委託せず、必ず自社の営業担当者が自社名を名乗った上で行うこと。

・空き時間を利用して行き当たりばったりで長期間かけて調査するのではなく、チームを編成して一気に短期間で終わらせること。

・調査が完全に終了するまで継続すること。

この三つに注意してローラー調査を行うことで、調査自体が得意先や顧客への訪問になり、販売促進活動にもなることが大切だ。つまり**ローラー調査は、一般的な市場調査とは異なり、販売成果そのものに直結する情報活動**と言える。

◎ローラー調査実施の注意点

また、ローラー調査には注意すべき点もある。

・本番前に実演練習をしておくこと。

・単独ではなく二人一組で行うと効率が良い。

・調査項目を広げすぎずにポイントを絞る。

・10日から2週間で200〜300店の調査を行う。

・調査の質を維持するために、1日に15〜20店程度にする。

・調査は午前中が望ましい。

・決して相手の業務の障害にならないように調査すること。

ローラー調査により、全顧客数、総需要、シェアといった重要指標を完全に把握する。

050

不況と狙い撃ち型の営業

◎「狙い撃ち」の販売で営業の生産性を上げる

非戦略的な営業マンは、「数打ちゃ当たる」方式で効率の悪い営業活動をしている可能性が高い。

一方、ローラー調査は「狙い撃ち」の局地戦を目的としているため、ランチェスター戦略における弱者の戦い方になる。

従来、売上実績という結果だけで業績を評価されるのが営業だった。しかし、この評価方法には弊害がある。

例えば月の後半だけでノルマを達成できる営業は月の前半をサボってしまう。どうせ評価は同じだからだ。また、セールスコンクールなどがあるときだけ全力を出して高い評価を得て、普段は8割以下の働きしかしていない者も出てくる。

これでは、本来ならもっと業績を上げることができる営業マンの能力を、活かすことができていない。

結果主義によるこのような弊害をなくすためには、営業マンの日頃の行動を科学的に管理して生産性を高める必要がある。

◎取り残されてきた営業のQC

特に営業マンが少ない場合は一人当たりの担当エリアが広くなってしまう。その結果、広すぎるテリトリーを漫然と巡回するだけで、とても強者に勝つことはできない。

弱者の場合は、重点地域を決めて一点集中攻撃による狙い撃ちをしなければ、強者には勝てない。

ゼロ成長時代になると様々な部門で生産性の向上が進められたが、営業の世界はすっかり取り残されてしまった感がある。これも、結果主義の弊害による。

◎不況の時代こそ販売に「戦略」と「戦術」が必要

不況が長引いている成熟社会においては、ますます狙い撃ち型の営業手法が必要になってくる。

狙い撃ち型の営業を行うためには、目標を定めることと、照準を合わせるという二つの科学が必要になる。

すなわち、目標を定めることは戦略であり、照準を合わせることは戦術と言える。

弱者は重点地域を決め、一点集中攻撃による狙い撃ちをしなければ強者には勝てない。目標を定め、照準を合わせるのだ。

051

PDCAで結果主義の弊害をなくす

◎ビジネスに科学的管理をもたらす「PDCA」

営業業務を科学的に管理するためには、有名なPDCAの活用が有効だ。PDCAとは、P＝プラン（計画）、D＝ドゥ（実行）、C＝チェック（評価）、A＝アクション（改善）のサイクルを繰り返す品質管理の手法である。提唱者であるアメリカの統計学者ウィリアム・エドワーズ・デミング博士の名を取ってデミングサイクルとも呼ばれている。

つまり、**計画を立てて実行させ、標準化通りに進められているかをチェックし、その結果に基づいて改善を行うという一連のプロセスを繰り返すことで品質を高めていく**というものだ。

◎科学的管理は6段階で成り立つ

もう少し業務寄りの表現に変えると、目標達成のための計画を立てる↓目標達成のための作業を標準化（マニュアル化）する↓標準化（マニュアル化）した通りに実行させる↓標準化したとおりに実行できているかどうかチェックする↓標準化通りに実行できていなければ修正を加える↓修正措置が正しかったかどうか評価する↓再び目標達成のための計画を立てる、この繰り返しになる。

◎科学的管理は営業の士気を高める

PDCAを回すことで、結果主義の弊害を取り除くことができる。すなわち、たまたま業績が良かった営業マンでも、**標準化したプロセスで業務を行っていなければ評価することができなくなる。**

逆にたまたま悪い結果に落ち込んだ営業マンがいても、怠けていたとか能力がないなどと短絡的に評価を下げてしまうことがなくなる。

その結果、より公正な評価を行えるようになるため、営業マンの士気が下がらず、組織としての生産性を底上げすることができる。

また、このような科学的管理が行われていなければ、業績が悪化した際に原因が把握できず放置されてしまうという問題が生じる。それを防ぐためにも科学的管理は必要なのだ。

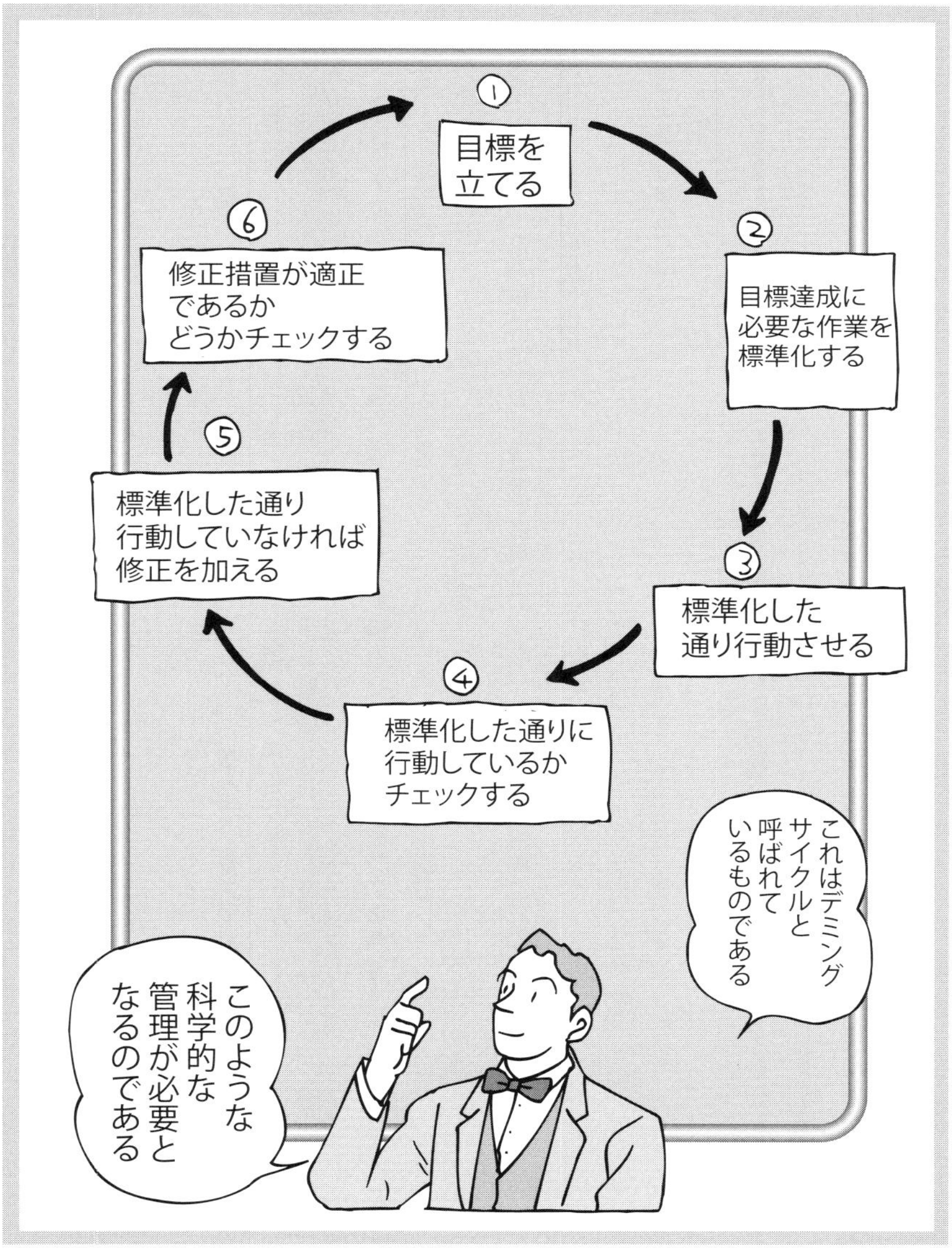

PDCAを導入して営業業務を科学的に管理することで、結果主義の弊害を取り除き、公正な評価を行えるようになる。

052 総滞在時間と販売実績

◎得意先の総滞在時間を増やす

営業マンのどのような行動が、販売実績につながるのか。ランチェスター法則の営業戦術面は営業マンの科学的管理につながっている。

得意先を訪問して面談することが営業マンの主な活動だ。得意先における滞在時間の長さは、商談を時間で表したものである。したがって、**得意先における総滞在時間を延ばすことが販売実績を伸ばすことになる。**

この関係を式で表すと次の通りになる。

得意先における1日の総滞在時間＝得意先当たりの平均滞在時間×1日平均訪問件数

◎営業マンの攻撃量とは

前述の式は、「戦闘力＝E（武器効率）×兵力数」というランチェスター第一法則の応用だ。営業マンの質はE（武器効率）で、営業マンの行動量、つまり訪問件数が兵力数にあたる。

すなわち、**営業マンの攻撃量＝営業マンの質×訪問件数**

という式が成り立つ。

営業マンにとって、専門知識やセールストークの上手さが営業マンの質を表す。その結果、**得意先での滞在時間の長さは、得意先とのコミュニケーションの量であり、営業マンの質にかかっている。**すると、前述の営業マンの攻撃量は次の式にも置き換えられる。

営業マンの攻撃量＝得意先当たりの平均滞在時間×1日平均訪問回数

◎営業所単位での総攻撃量とは

前述の式はランチェスター第一法則の応用だが、支店や営業所単位での総攻撃量の計算式はランチェスター第二法則を応用できる。

全体の攻撃量＝得意先当たりの平均滞在時間×（1日の平均訪問回数）二乗

ここから、**受注効率や生産性が、営業マンの訪問件数や滞在時間、そして1日当たりの平均滞在時間によって決まる**と規定される。

営業マンの受注効率や生産性は、訪問件数や滞在時間、1日当たりの平均滞在時間によって決まる。

第6章

ビジネスで勝つための地域戦略

053

低成長時代と地域戦略

◎**残された差別化は地域と価格**

差別化を行うに当たり、商品の差別化が難しく、既に述べた流通チャネルの差別化も難しいとなると、残りは価格の差別化か地域の差別化になる。しかし、成熟市場における価格競争は厳しく、まして需要が縮小しているデフレ下での価格競争は苛烈になる。そこで**地域の差別化が、当面の戦略においては最大のポイントになる。**

◎**なぜ、地域戦略が重要になったのか**

地域の差別化に大きな可能性があるのは、どのような背景によるものだろうか。

一つは、地域ごとの経済状況に、開きが生じてきたことがある。低成長時代に入ってから、地域ごとの財政状況や景気の差といった地域格差が明確になってきたのだ。

二つめに、景気格差も原因となり、人口格差も開いてきたことがある。少子高齢化が進むにつれて、流出する若者ととどまる高齢者が、地域による世代ごとの人口分布状況に差を生じさせてきたのだ。例えば大都市や地方の中核都市の人口が増える一方で、とりわけ町村部における若者の流出が止まらない。その結果、地域による消費動向にも差が出てきた。しかも、ＩＴ化が進むなど、産業構造が変化することで、各地域の経済構造の変化も加速している。

◎**地域ベクトルと地域の細分化**

ここで、大きく二つに分けられる地域戦略の差別化を紹介する。

一つは**地域ベクトルによる差別化**だ。日本全体を、重点を置くべきルートにより分割するのだ。例えば東西ベクトルと南北ベクトルに分ける、内陸線ベクトルと海岸線ベクトルに分ける、日本海ベクトルと太平洋ベクトルに分けるといった具合だ。

二つ目は、**地域をセグメントに細分化して差別化する**という方法だ。例えば都市部と郡部、県庁所在地とナンバーツーの都市、二眼レフ型と一眼レフ型などである。二眼レフ型とは、似たような規模と性質の商圏が適度な距離をおいて存在している状態を示す。

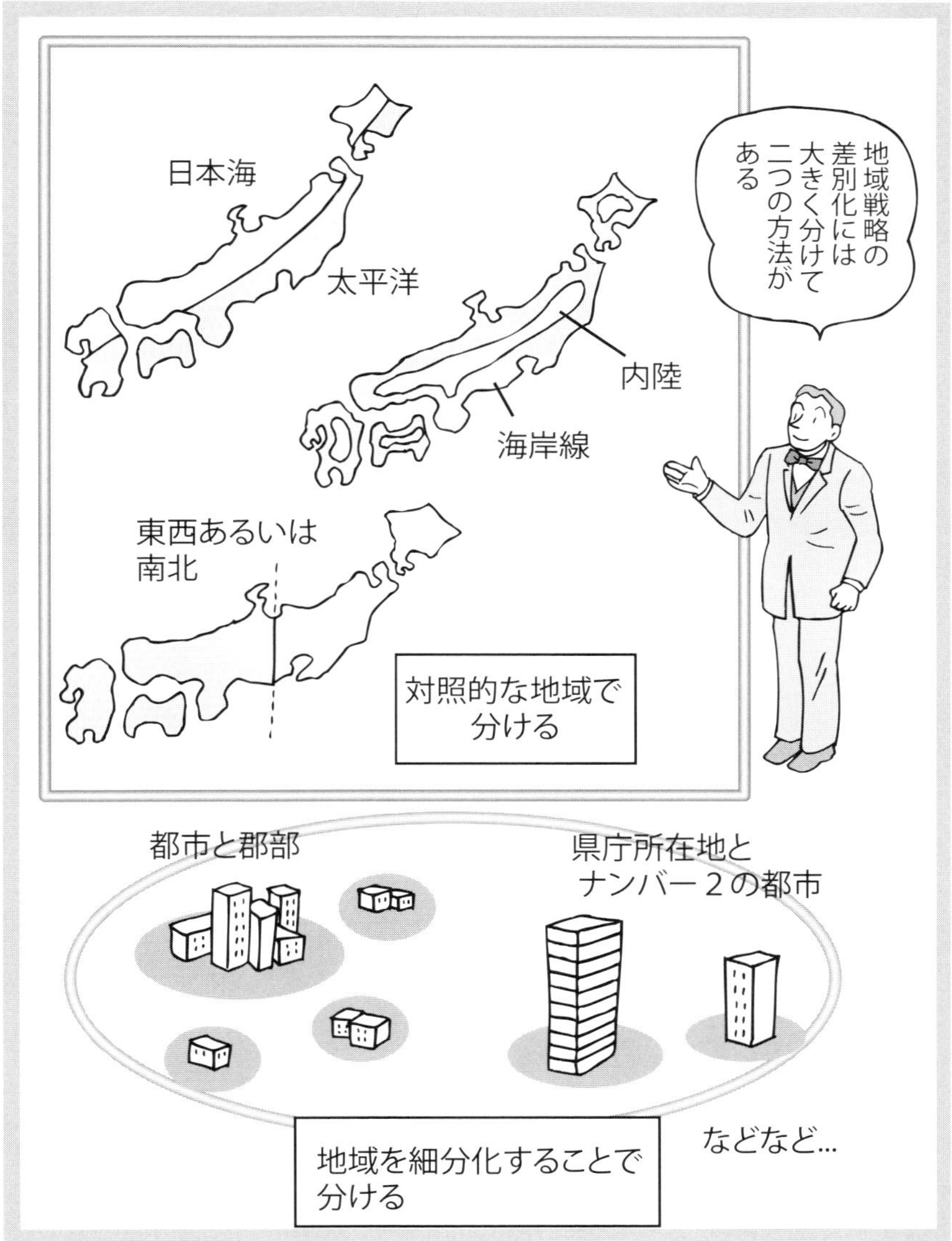

商品の差別化が難しく、価格競争が苛烈な中においては、地域の差別化が最大のポイントになる。

054

地域の細分化戦略

◎地域を細分化する三つの型

地域をいくつものセグメントに細分化するには、都市部と郡部、県庁所在地とナンバーツーの都市、二眼レフ型と一眼レフ型があることは既に述べた。これらについて、もう少し具体的に見てみたい。

まず、都市部と郡部に分ける戦略の場合、**実は都市部は既に強者によって押さえられていることがほとんどだ。そのため弱者や後発組はまともに都市部で勝負せず、郡部から参入した方が良い。**

例えばナリス化粧品やシャンソン化粧品などは、郡部を主戦場として直販方式で成功している。

県庁所在地とナンバーツー都市に近い細分化戦略例として、住宅リフォームのホームテックは、競合が多い大都市圏などのエリアを避けることで売上を伸ばしてきた。しかし近年は、ホームセンターや家電量販店がリフォーム市場に参入し、同社のエリアを脅かしつつある。

次に二眼レフと一眼レフ型だが、**二眼レフ型は似たような規模の大きな二つの商圏が隣接している状態を指す。**

例えば青森市と弘前市、高崎市と前橋市、水戸市と日立市などがこれにあたる。二眼レフ型での二つの商圏の市場は、相乗効果を狙いやすい。

一方、一眼レフ型は二眼レフ型になれない構造を持つ地域を示す。例えば、盛岡市や米沢市、熊本市がこれにあたる。トヨタ自動車のような強者は二眼レフ型の地域に強く、2位の日産自動車は一眼レフ型の地域を得意としている。

◎商圏は行政区域と別のもの

既に述べた地域戦略の細分化以外にも、地域の性質による分け方もある。例として、城下町と宿場町、地場産業地域と工業開発地域、観光地域と湾岸地域などだ。

これらの性質の違いは、消費傾向の違いを生み出すため、地域戦略を立てる上では注意しなければならない。

すなわち、**地域戦略を考える際には、単純に行政区域だけで考えてはならない**ということだ。

都市部は強者に押さえられていることが多いため、弱者や後発組は郡部から参入した方が良い。

055 ナンバーワンになるためのテリトリーの選択

弱者は必ず強者の死角を攻める地域戦略を行う必要がある。

ただし、強者を避けただけの戦略では地域ナンバーワンになれるとは限らない。必ず自社に有利となるテリトリーを見つけ出す必要がある。

◎商圏はできるだけ細かく分ける

地域戦略で重要なことは、商圏を可能な限り細分化することだ。具体的な数字は業種や対象商品によっても変わってくるが、ナンバーワンになるための拠点作りの一般的な目安としては、小売商圏では人口5万人、卸商圏の場合は人口15万人、メーカーでは50万人程度となる。

そのため、東京のように巨大な人口を抱えている地域では、より細かく細分化する必要がある。逆に過疎の地域では目安となる人口をカバーできるだけの商圏を広げる必要がある。

例えば人口50万人の商圏を押さえるには、東京であれば江東区全体となるが、鳥取県では県全体となる。

◎ナンバーワンになれるテリトリーを選択する

地域戦略で注意しなければならないのは、強者とテリトリーを一致させないことだ。密かに一致させても、強者は常にサンプル調査をしているのでバレてしまう。その結果、ミートされて潰される可能性が高い。

◎あらゆる角度からセグメントを考える

地域戦略における細分化では、単純に行政区分で分けてはならない。必ず**地形**や**交通インフラ**の状況、**人口動態**を考慮する必要がある。また、**開発計画**を把握しておけば、地域戦略においては先手を打つことができる。

そのため、地域戦略を練るために国税調査や住民台帳、商業統計などの公的機関の資料をチェックすることは重要だが、注意が必要だ。一つはつい行政区分に従ってしまいやすいこと。そしてもう一つは、データが古い可能性があることだ。**行政区域別のデータは、必ず販売区域別に修正するべきだ。**

地域戦略で重要なことは、商圏を可能な限り細分化し、かつ強者とテリトリーを一致させないこと。

056

地域格差とテリトリーの再編

◎顕著になる地域格差

市場の成熟化とグローバル化、そして長引く不況においては、様々な分野で構造改革が必要とされている。当然、企業の地域戦略も例外ではない。

地域格差が広まり、地方自治体の財政事情にも差が出て、住民の年齢構成や人口流出・流入状況にも大きな差が生じている。一方ではインターネットの急速な普及が、情報や文化が大都市へ集中することを緩和し始めており、こと情報に関しては地域格差が縮まっていると考えられる。

これらの格差や変化は、当然消費動向にも影響を与えている。

◎時代の変化とテリトリーの再編

こうした変化が起きている中で、画一的な全国販売をしているような企業は、戦略の見直しを迫られている。

まず、地域ごとの変化や、その結果としての人口編成や消費動向といった構造的な変化に対応していかなければならない。

例えば大きく見れば、東日本に重点を置くか、西日本に重点を置いて展開するかと言った具合だ。

また、営業力と販売地域のバランスが崩れていることにも注意しなければならない。自社の営業がカバーできない地域は代理店でカバーしているところもあるだろう。

これらの**販売力の配置と地域の実情が適正ではなくなっていた場合、テリトリーの再編や販売力の再配置を行う必要がある。**

◎直接販売と間接販売のバランスを見直す

テリトリーの再編と販売力のウエイトを見直すと共に確認すべきなのは、**直間比率の割合**だ。

日本では間接販売の割合が高い傾向があるが、時代の変化に合わせて直接販売の割合を変えるなどして流通チャネルの差別化を検討すべきである。

例えばインターネットの普及に伴いオンライン・ショッピングによる直販という手法が選べるようになっていることにも注目すべきである。

時代の変化に合わせてテリトリーの再編や販売力の再配置を行う必要がある。また、直間比率の割合も確認しよう。

057 強者を追い込む三点攻略法

◎弱者の攻撃目標では確率戦を避ける

攻略すべき地域が決まっても、闇雲に攻撃を仕掛けてはいけない。弱者や後発者は、いきなり最終目的地を攻めることを避けるべきだ。有望な市場には既に強者がいることが多いためだ。強者は弱者や後発者に対して確率戦を仕掛けてくるため、そこに勝機はない。

そこで、その確率戦を避けるために、三点攻略法が有効な戦略となる。

◎三点攻略法のステップ

三点攻略法では、既に強者がいる最終目的地に直接攻め込むのではなく、まず周辺地域を細分化して市場調査を行う。その結果から、**最も自社にとって戦いやすい地域を選び、そこに一点集中攻撃を仕掛ける**のだ。

その地域で占拠率40%を達成できたら、そこが「**第一の点**」になる。

次に、細分化した地域で二番目に攻撃しやすい地域にも、やはり一点集中攻撃を仕掛ける。その結果、その地域で40%以上の占拠率を達成したら、ここが「**第二の点**」となる。

この第二の点ができた時点で、第一の点と線が形成されている。

同様に三番目に攻撃しやすい地域で同様に一点集中攻撃を行い、やはり40%以上の占拠率を達成して「**第三の点**」を作る。

ここでようやく三つの点が最終目的地を取り囲む三角形を形作る。

そしていよいよ**最終目的地域の中心部に対して三つの拠点から攻撃を行う。**

目指すのは三角形の中で40%以上の占拠率を達成することだ。

実はこの三点攻略法は、自動車メーカーのフォルクスワーゲンが海外市場を攻略する際に応用し、見事に成功している。

また、太平洋戦争時のアメリカ軍も、島への上陸作戦などではこの三点攻略法を活用して、最終的に島全体を占拠するという戦い方をしている。

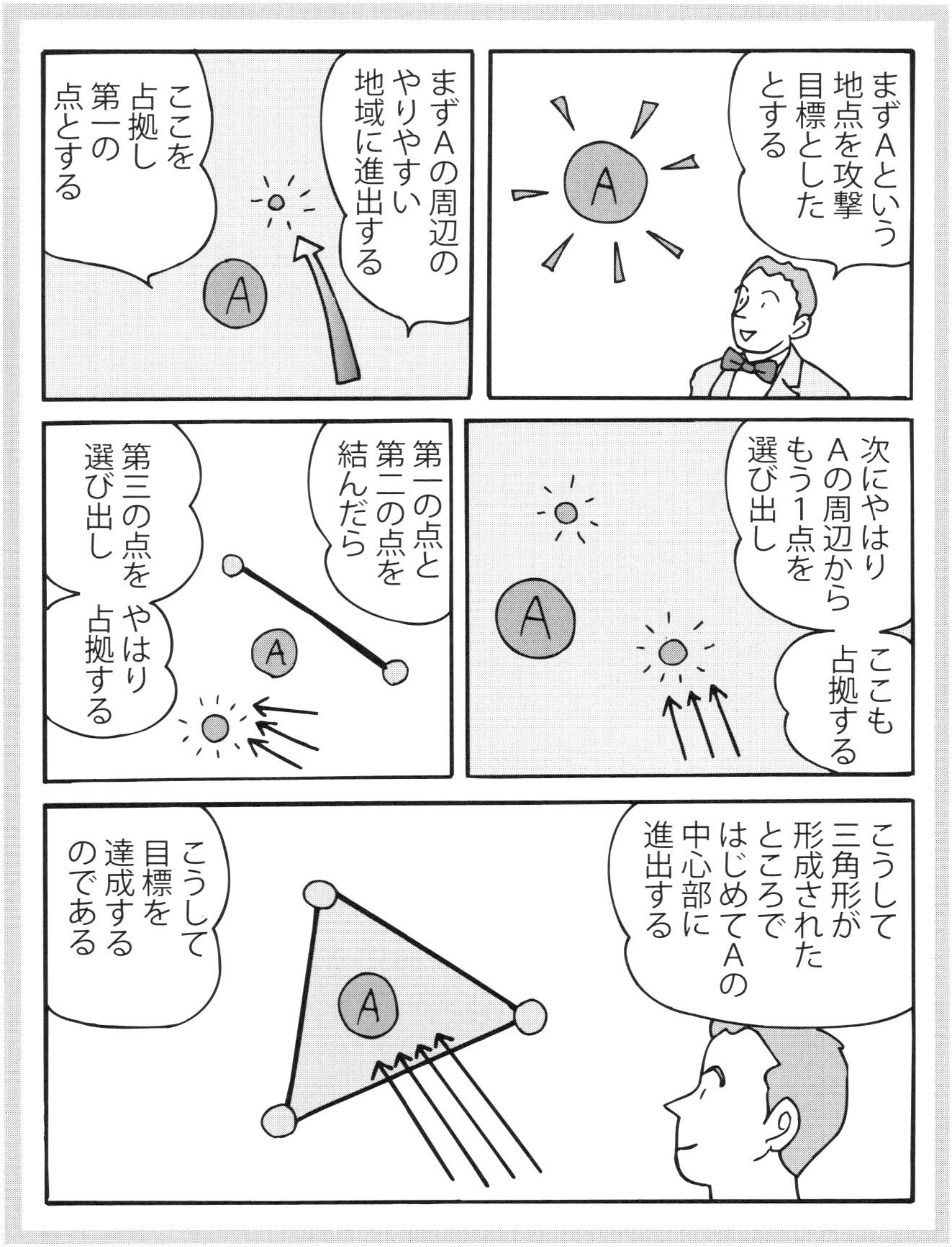

有望な市場には既に強者がいる。そのため周辺を三点で囲み、三つの拠点から攻撃を行うことで占拠率 40%を目指すのだ。

058

相手の手薄な地点から攻める

◎三点攻略法の三つのポイント

三点攻略法の成功は、第一の点をどこに置くかにかかっている。そこで占拠率40％を確保できなければ先に進めないためだ。

アメリカ軍が上陸作戦で三点攻略法を応用する場合も、第一の点、つまり最初の上陸地点をどこにするかを重視した。そのため、最初の上陸地点を決めるポイントは、まず相手の弱いところになる。次に上陸しやすいことだ。そして三番目に相手の判断が混乱するような陽動作戦的な地点であることだった。

こうして第一の点で上陸を成功させ、混乱した相手の注意が惹き付けられている間に、第二の点となる二番目の上陸を行う。

これをマーケティングに応用するとどうなるだろうか。

◎マーケティングにおける三点攻略法

第一の点は、自社にとって攻略しやすい地点となる。つまり強者の手薄な地点、あるいは盲点だ。前述のホームテックがリフォーム激戦地の大都市部を避けて、競合の少ない地域から売上を伸ばしていったことなどはその例に当てはまるだろう。

そして第一の点となる地域で占拠率が40％を超えたら、第二の点、第三の点と拠点を増やし、面を形成する。

◎外資系企業はなぜ城下町を拠点にするのか

この戦略を遂行するためには、**供給性を持ち、交通の要衝としてのターミナル性を持っている地域**が重要になる。あるいは、情報センターか縮図型地域であるかということになる。

ところが情報センターは県庁所在地などのナンバーワン型地域で、既に強者が占拠していることが多い。

そこで、まだ強者が占拠していない可能性がある縮図型の地域が狙い目になる。

縮図型の代表的な例は**城下町**だ。城下町が外資系企業の上陸地点となりやすいのは、このような理由があるためだ。

三点攻略法において大事になるのが、第一の点をどこに置くかだ。強者の手薄な地点（盲点）を狙おう。

059

地域発展のベクトルと線の形成

◎その地域はどこに向かって成長しているのか

第一の点となる地域で占拠率が40％を超えることに成功したら、第二の点の地域を攻めることになる。このとき、第二の点は第一の点と線を形成することを念頭に置いておかねばならない。**第二の点を置く地域を選ぶ際には、地域発展のベクトルに沿って線を引くのが好ましい。**つまり、第一の点を置いた地域がどの方向に成長しているのか、ということだ。これは、人口がどの方向に向かっているかということにも重なる。人口の移動には法則がある。それは、**人口は地価の低きに流れ、住宅地はレジャー地域に向かって発展する**、という法則だ。この法則が地域発展のベクトルに影響を与えている。

◎線の形成の戦略で大切な三つのポイント

また、線が既に歴史的あるいは地理的にできあがっている場合がある。例えば山沿い、河川、道路、鉄道などの状態に注目する必要がある。この線を形成する際、マーケティング戦略上のポイントが三つある。

・線の入り口と出口
・線の上りと下り
・後発の差別化による中間点

線に入り口と出口があるというのはわかりにくいが、例えば商店街にも出口と入り口があることを考えてみるとわかりやすい。

◎「上り」と「下り」のベクトルに沿う

線を形成する際に注目すべき次のポイントは、上り線と下り線のベクトルだ。上り下りと言えば鉄道でも首都に対して近づくのか離れるのかを示している。

この考え方は、城下町という限られた地域では北へ向かうことを上り、南に向かうことを下りとする。いわゆる北上する、南下するという言い方だ。この上り線のベクトルに沿って線を形成する必要がある。

そして三つめの入り口と出口だが、どちらも先発企業が押さえている場合が多い。その場合、後発者は中間地点に拠点を置くことが差別化になる。

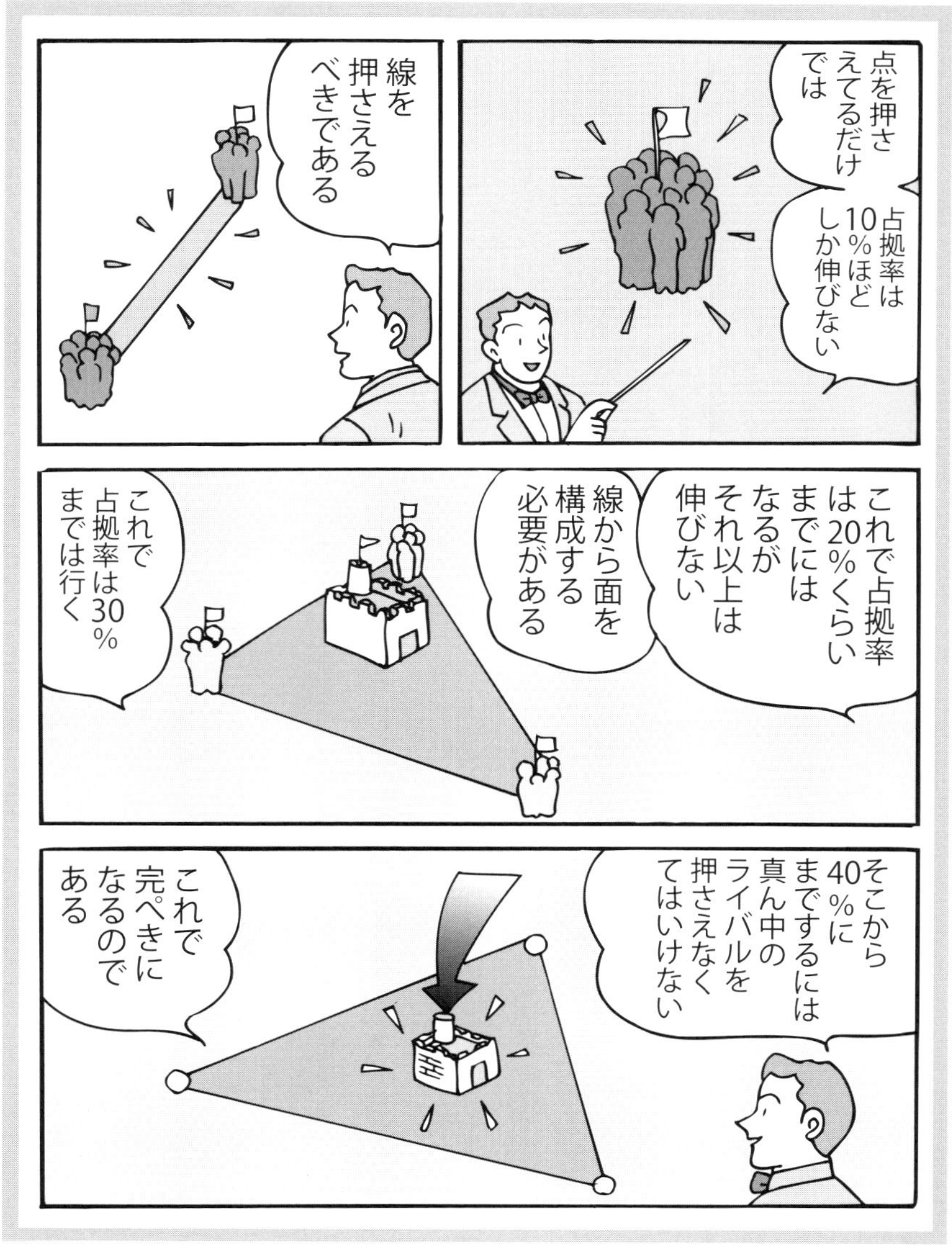

第二の点は、第一の点と線を形成することを念頭に、地域発展のベクトルに沿って線を引くのが望ましい。

060 面の形成と確率戦への転換

◎**三つ目の攻撃目標**

第二の点の地域に拠点を置くことに成功したら、第三の点の地域を攻略する。このとき、忘れてならないのは、**三点目の拠点を攻略した時点で三角形の面ができ、その中に最終目標地域が包囲されていなければならない**ということだ。そのため第三の点の地域を選ぶ際には、最終目標地域を包囲できるという前提の下に、**マーケットが最大の地域なのか、ナンバーツー型の都市なのか**といったことを考える必要がある。

◎**三点攻略における日本独特なジンクス**

さらに、三点攻略法で面を形成し、最終目標地域を包囲する際には、日本特有のジンクスにも配慮したい。そのジンクスとは、**三つの地域を占拠する場合、最終目標地域に対して時計回りに点を打つのか、それとも反時計回りに打てば効果的なのかが、地域により異なる**ということだ。

例えば東京を最終目標地域としている場合は、神奈川、埼玉、千葉の時計回りの順に占拠していくと成功しやすいというジンクスがある。一方、名古屋を最終目標地域にした場合は岡崎、岐阜、津と反時計回りで面を形成すると成功しやすいというジンクスがある。

そのため、地域ごとの特性を研究する必要がある。

◎**局地戦から確率戦への転換**

三点攻略法で三つ目の拠点を占拠した後に注意しなければならないことがある。

三つの地域を占拠する際は、局地戦における一点集中主義で攻略してきた。しかし、**包囲網が完成した後に最終目標地域を攻めるときには、確率戦に戦い方を転換する必要があるのだ。**

つまり、三点攻略法を実行する際はランチェスター第一法則の下に戦略を立ててきたが、最終目標地域を攻略する場合にはランチェスター第二法則の下に戦うことになる。

よく、**地方から東京進出を目指す企業の多くが成功しないのは、この局地戦から確率戦への転換がうまくできない**ためである。

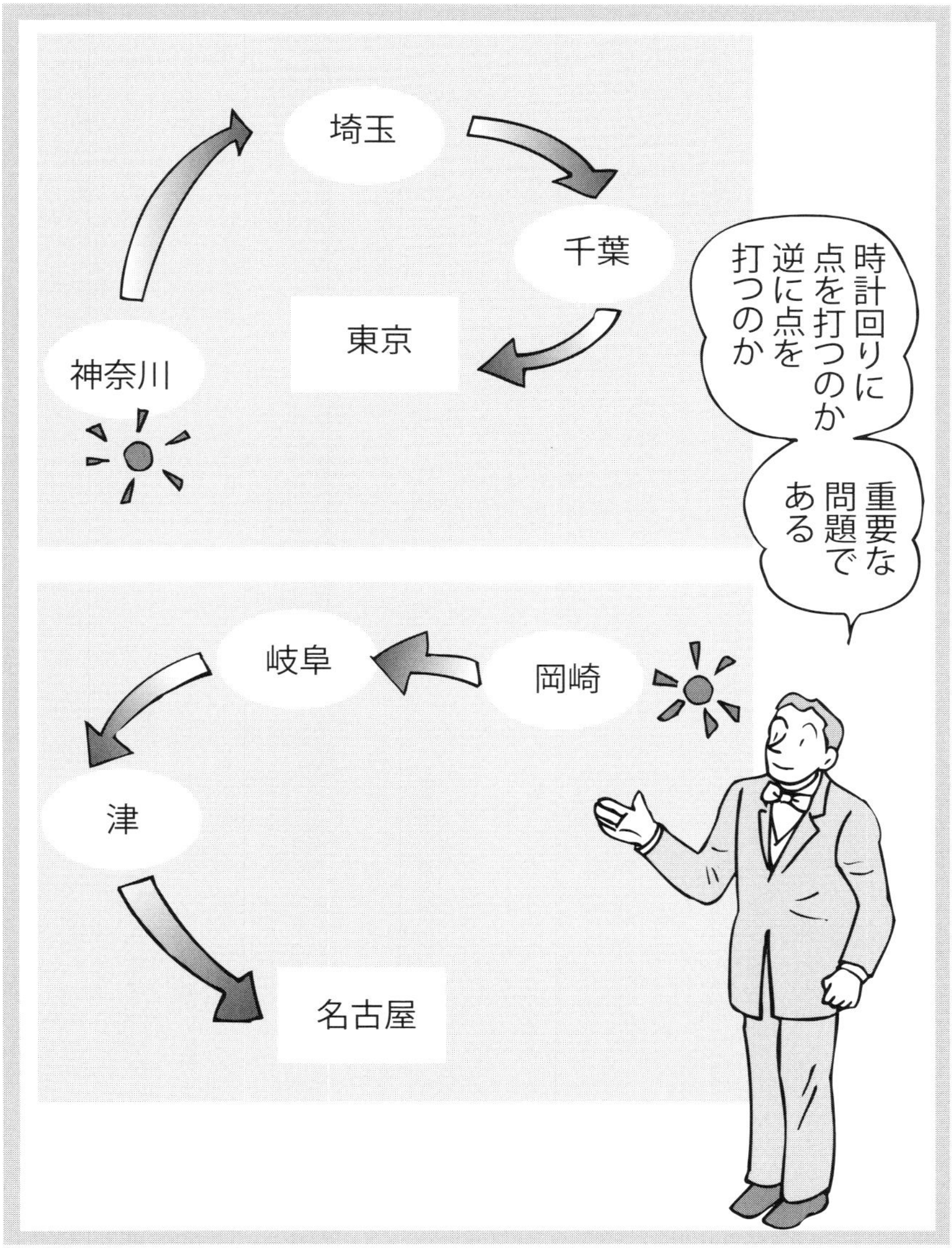

三点目の拠点を攻略した時点で三角形の面ができ、その中に最終目標地域が包囲されていなければならない。

061

中心部への集中攻撃と販売実績の急上昇

◎三点攻略法の仕上げは集中攻撃

最終目標地域を包囲する周辺の三点を攻略すると面が形成されるが、それだけでは目標地域を攻略したことにはならない。まだ中心部は敵が押さえているためだ。

そこでここからは、いよいよ最終目標地域である中心部に攻撃を仕掛けることになる。この際、局地戦から確率戦への転換が必要であることは既に述べた。

さらに、この攻撃は、圧倒的な兵力で攻撃しなければならない。

太平洋戦争時におけるアメリカ軍の上陸作戦では、最終目標地域に爆撃機による熾烈な攻撃をするという圧倒的な物量戦が展開されたのだ。

◎中心部への攻撃は小出しにしてはならない

このアメリカ軍が上陸作戦で見せた攻撃方法は、ビジネス上の戦略にも当てはまるものだ。

三点攻略法で形成した三つの拠点から、いよいよ攻めようとしている最終目標地域である中心部は、強者が巨大な市場を占拠している状況である。

この地域を占拠するためには、圧倒的な兵力が必要になり、それまでとは桁違いのコストと時間を覚悟しなければならない。

これを避け、兵力を小出しに展開すると、却って兵力が無駄になってしまう。

◎業績の急激な伸びをもたらす中心部攻略

最終目標地域への集中攻撃が成功し始めると、占拠率は急上昇を始める。これは、中心部を押さえたことで面全体を自社で占拠し始めたことによる。そのことで販売実績などは突然伸び始めるのだ。

この販売実績は、中心部が占拠されるまでは緩やかな右肩上がりの傾斜だが、ある時を境に急角度で上昇し始める。それが中心部の占拠に成功したときだ。

このとき、占拠率は相対的安定値である40％を達成している。

ここまでが、最も厳しい戦いになる。

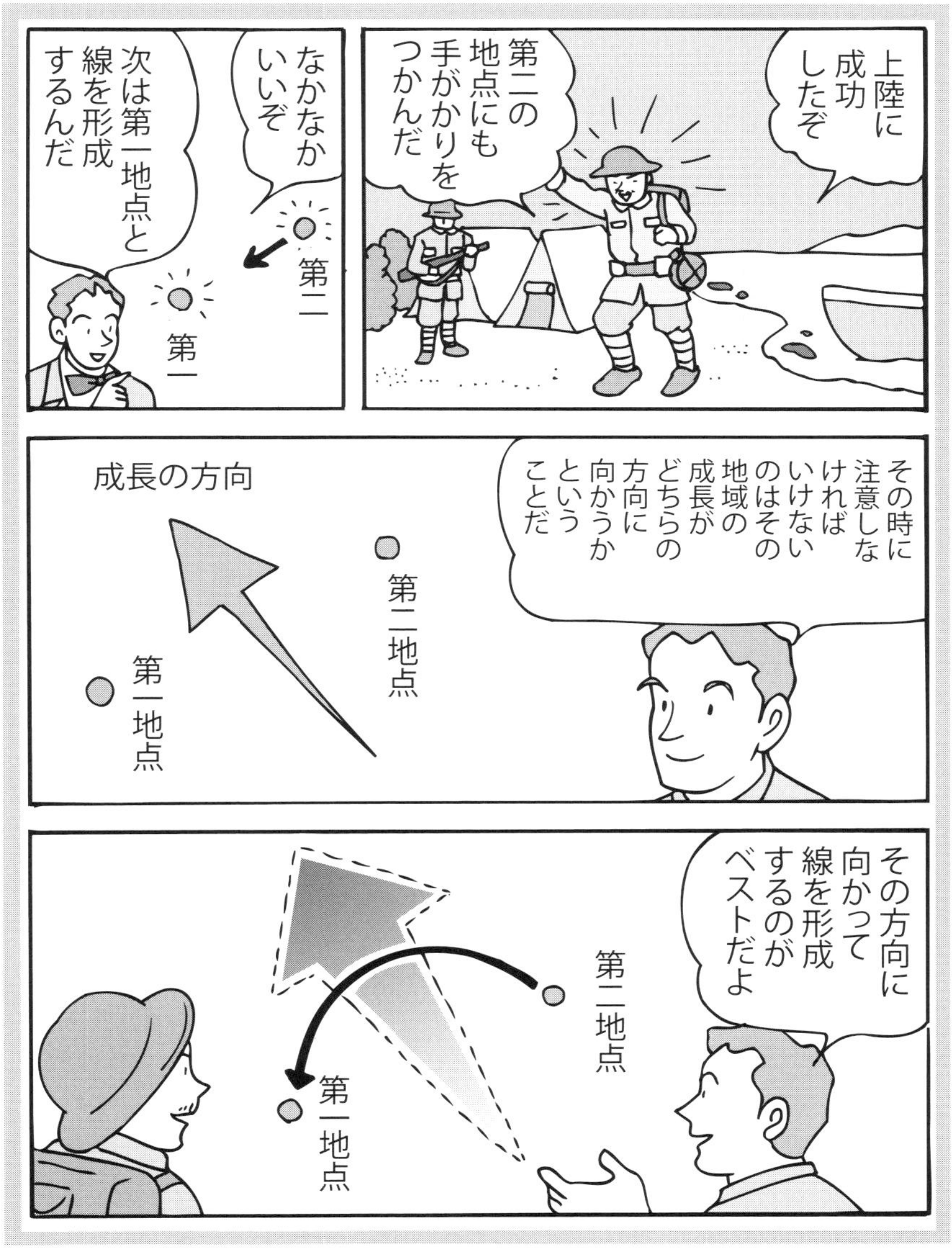

三点攻略法で形成した三つの拠点から攻める際には、兵力、コスト、時間がかかることを覚悟する必要がある。

062

三点攻略法の段階的占拠率

◎占拠率10％は点を押さえた状態

それでは、三点攻略法を進める中で、占拠率はどのように変化するのだろうか。

まず、占拠率が10％で伸び悩んでいる状態がある、これは、「点」は押さえたが「線」が形成されていない状態にある。いわゆる「足がかりを掴んだ」状態だ。

この10％を超えるためには「線」を押さえなければならない。

◎占拠率10％～20％は点から線を押さえた状態

次に、「線」は押さえたが「面」が形成されていない状態がある。この状態では占拠率が20％止まりとなる。

これは、三角形の一辺を押さえてはいるが、まだ三角形が形成されていないため、「面」が形成されていないのだ。

例えば大阪では占拠率を20％にすることが難しいとされる。これは、大阪の市場が御堂筋や心斎橋、天神筋などといった、もともと「線」で成り立っているためである。

また、トヨタ以外の自動車メーカーが占拠率20％をなかなか超えられないのは、やはり市場を「線」で押さえているためだ。

例えば東北で言えば秋田と新潟の線、盛岡と仙台の「線」しか押さえられていない状態だ。

これは、「面」を形成するための残りの一点をトヨタに押さえられているために占拠率を伸ばせないのだ。

◎線から面への難関

三つの拠点を押さえて包囲陣が形成されると、占拠率が30％台になってくる。これが外堀を埋めた状態になる。

しかし、ここから中心を押さえて「面」を形成し、占拠率を40％にするには、大変な労力と時間がかかる。

例えばトヨタは30％から40％にするために8年を要しているし、資生堂も40％を達成するためには7～8年の年月を費やしているのだ。

占拠率は、点を押さえた状態で10%、線を押さえた状態で10～20%、面を押さえた状態で30%台になってくる。

第7章

地域特性の例

063 我が国の二つのジンクス

◎「西側拠点説」というジンクス

地域戦略において、我が国には二つのジンクスがある。「西側拠点説」と「北守南進説」だ。

前者の**「西側拠点説」は、最終目標地の西側に拠点を置くと攻めやすいというものだ。**

例えば盛岡市を攻めるのであれば一関市に、高松市を攻めるのであれば松山市に、広島市を攻めるのであれば北九州・小倉に拠点を置くということだ。

実際、日本では東から西に出て成功した実業家は少ない。このジンクスの根拠は、日本の気象条件によるという説もある。つまり、日本の天気は西から東に移動していくためだ。

情報が発達していなかった昔は、雲の流れなどから天候を占っていた。そのため、天候の変化に関する情報は西から東へ流れやすくなる。

このとき、天候以外の情報も西から東へ伝播することが多くなったのだと言う。その結果、情報の流れを重視する商売人たちも、西から東へと攻めるようになったのではないかということだ。

◎「北守南進説」というジンクス

次に、**「北守南進説」**である。このジンクスは点の中で有効とされる攻撃法だ。

この北守南進説は、日本の城の造り方に根拠があるとされている。

つまり、日本各地にある城は、敵の侵入をふさいでくれるような険しい山などを北側にして作られているため、南から攻めてくる敵に対して攻撃しやすい構造に構築されているということだ。これが北守南進型となる。

そのため、地域内の攻撃法としては、**先に北側を片付けてから南側を固めておく。その上で、南から北へ攻めていくのだ。**

この北守南進説は、日本全土に当てはめることもできる。つまり、先に東北地方を押さえてから九州地方を押さえるのだ。その上で、九州から北上するように攻めていくとうまくいくのだという。

目標地点の西側に拠点を置くと攻めやすい「西側拠点説」と、北を押さえて南から北へ攻める「北守南進説」がある。

064

よそ者が成功する北海道

◎北海道では「よそ者」が成功する？

北海道の経済は、「5％経済」あるいは「二分の一経済」と呼ばれることがある。「5％経済」とは、北海道の人口が日本の人口の5％であることから言われている言葉だ。実際には減少を続けており、本稿執筆時点では4・2％になっている。また、「二分の一経済」とは、北海道の1年は、二分の一が雪に埋もれていることを示している。

しかし、北海道で成功している人たちは、このジンクスを信じていない。**北海道で成功しているのは、自分の目と耳を信じるタイプの人たち**である。そのため、東南アジアなどの外地を経験してきたような人たちに成功者が多い。

これは、北海道には未開拓な需要が多いため、ジンクスに惑わされないチャレンジャーが成功するということだろう。そこで、北海道は「よそ者」が成功しやすい地域だと言える。

◎北海道への異動は秋が良い

また、北海道では、秋の人事で異動してきた者は成功しやすく、春の人事で異動してきた者は失敗しやすいとも言われている。これは、**秋に移動してきた者は、これから冬になるという大変な時期をすぐに体験するため、腹を据えるため**だ。一方、春の陽気の良いときに来た者は、その穏やかな気候に油断してしまう。

他にも、**北海道には不良品の吐き捨て場になりやすい**という傾向がある。これは九州との共通点だ。そのため、乱売が起きやすく、特に五月に集中しやすい。

◎日本海側を制した者が北海道を制する

最後の特徴として、北海道の物流が日本海沿岸の延長線上に位置しているということがある。つまり、物流のルートが北陸のベクトルである新潟→秋田→青森となっているのだ。そのため、**北海道を押さえるためには日本海側を制することが有利になる。**

興味深いのは、**北海道で成功した事業家の3分の2が新潟県人か富山県人**だということだ。過疎地帯という特徴が共通しているからだろうか。

北海道は未開拓の需要が多く、ジンクスに惑わされない「チャレンジャー（よそ者）」が成功しやすい地域だ。

065 東北地方は日本海側から攻める

◎東北地方全体を押さえるには秋田から

東北地方を押さえようとしたとき、仙台を中心にしてしまうと福島寄りに動いてしまい、東京の北関東圏と重複してしまう。そのため東北地方全体の3分の1しか押さえられなくなる。その結果、青森、岩手、秋田の三県が抜けてしまうのだ。

そこで、東北の縮図とも言える**秋田に拠点を置くことが、東北地方全体を押さえるために必要になってくる。**文化性が強く同質性も強いというのが、秋田の特殊性だ。

◎日本海側から太平洋側へのベクトル

日本海側を押さえるということが、東北地方を押さえるためには重要な戦略となる。特に新潟へつなぐラインの要衝となる**秋田と酒田という地域が重要**だ。新潟から仙台へ横断線で攻撃するためには、酒田と仙台をつなぐ線を押さえる必要がある。

さらに重要なのは、**秋田から盛岡へ抜けるルート**で、このように東北地方を制圧するためには、日本海側から太平洋へと向かうベクトルに沿うことが大切だ。

◎関西企業が東北で強い理由

東京に本社を置く企業の多くが、東北の占拠率が低いために日本全体の占拠率で1位になれない。東北新幹線で仙台と往復しているだけではダメなのだ。一方で、**関西企業が東北を押さえているのは、北陸本線を経由して新潟を拠点とした日本海側から攻めているため**だ。

新潟はマーケティングの面から見れば東北に分類されるべき地域であり、中部地方としている行政の区分とは異なってくる。このように新潟は日本海側の拠点であるにもかかわらず、新潟を東京支店の管轄に入れてしまっている企業が多い。

以上をまとめると、岩手県は海岸線でしか発展しないし、青森県は八戸が岩手県の盛岡と二眼レフ構造になっている商圏を形成している。秋田県は横田市から攻めるべきで、山形県は酒田市の方が山形市より重要となる。山形市は酒田市と仙台市を結ぶ中継点となる。

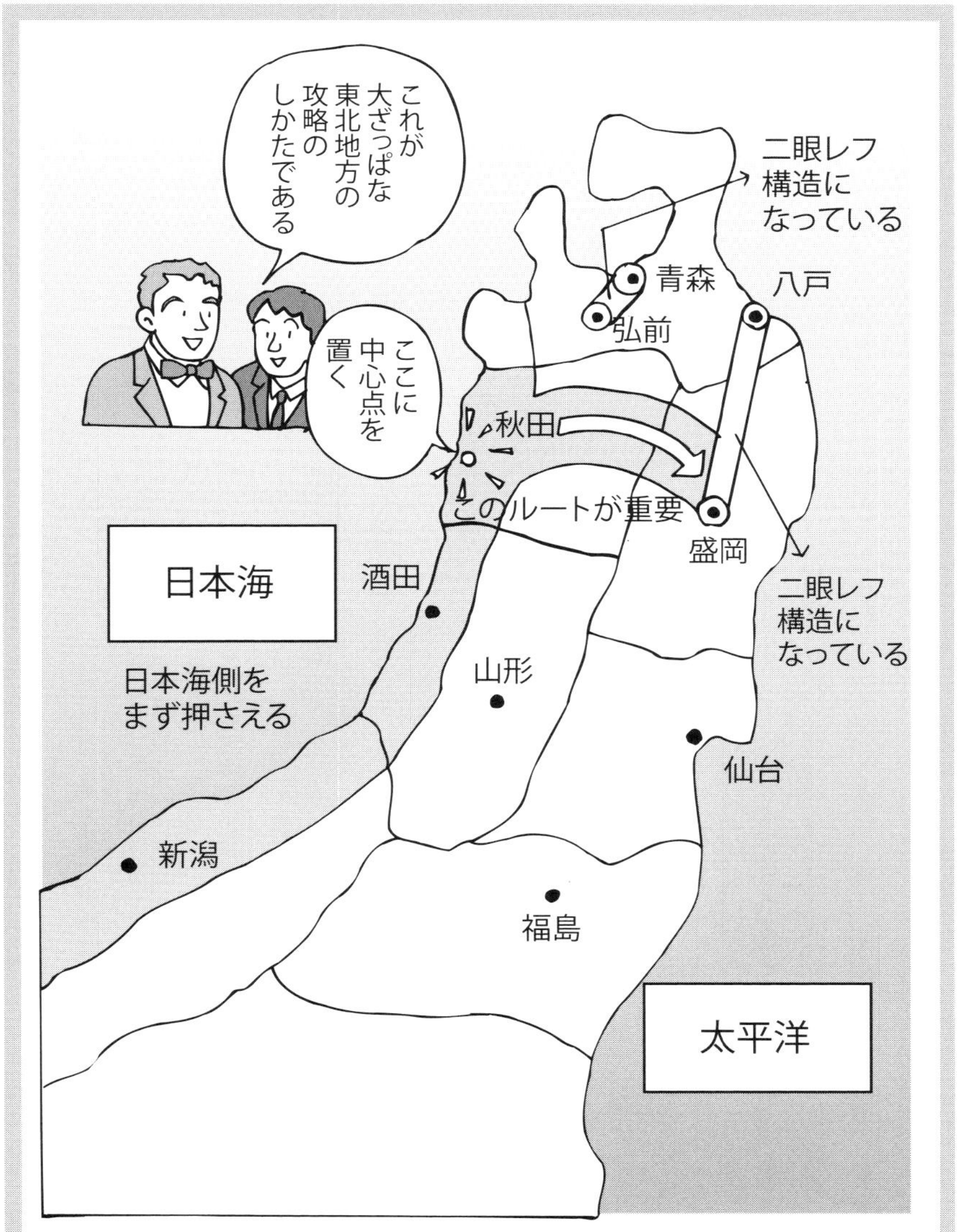

東北地方を押さえるには、秋田に拠点を置き、新潟と盛岡をつなぐルートを押さえることが重要になる。

066 流動的な北関東地区

◎**山梨、長野、茨城の景気**

まず、山梨、長野、茨城は共に、平成30年上期現在では緩やかな景気回復の兆しを見せている。特に茨城県では日立市と水戸市の二眼レフ構造が注目される。

しかし、茨城には注意すべき点がある。**住民の約3割は日立製作所の従業員とその家族と言われている日立市は、日立製作所の経営状況次第で市の景気が左右されてしまう**ということだ。

そのため、日立市がさらなる発展をするためには、日立製作所への依存度を下げなければならない。

例えば東京の府中市は東芝の企業城下町であったが、東芝への依存度を下げることにより発展した。

◎**新しいもの好きな群馬県**

群馬県は「新しいもの好き」という傾向があり、県内にはよそ者が多いという特性がある。そのため、**新製品が売れやすい。**

この特性から、北関東の実験的な市場となっている。**栃木県は宇都宮を中心とした商圏で発展**しており、群馬県より安定している。

福島県は東日本大震災が起きた平成23年に県内ＧＤＰが大きく落ち込んだが、その後は第２次産業を中心に大きく経済成長している。

◎**大きな変化が予想される北関東**

長野オリンピックという大きなイベントを経験している長野県だが、北関東地区としてのウエイトは低い。**長野は新潟県の長岡市と二眼レフ構造を持つという位置づけでしか発展しない状況**だ。

長野の問屋などは、松本市を中心に活動しているところは伸び悩んでいることが多く、長野に向かっているところは発展している。

特に二眼レフ構造が形成されていることを認識しておかないと、長野では失敗することになる。

とはいえ、**北関東地区の市場は、長野をはじめとして大きな変化が起きる可能性があるほど流動的**なのだ。

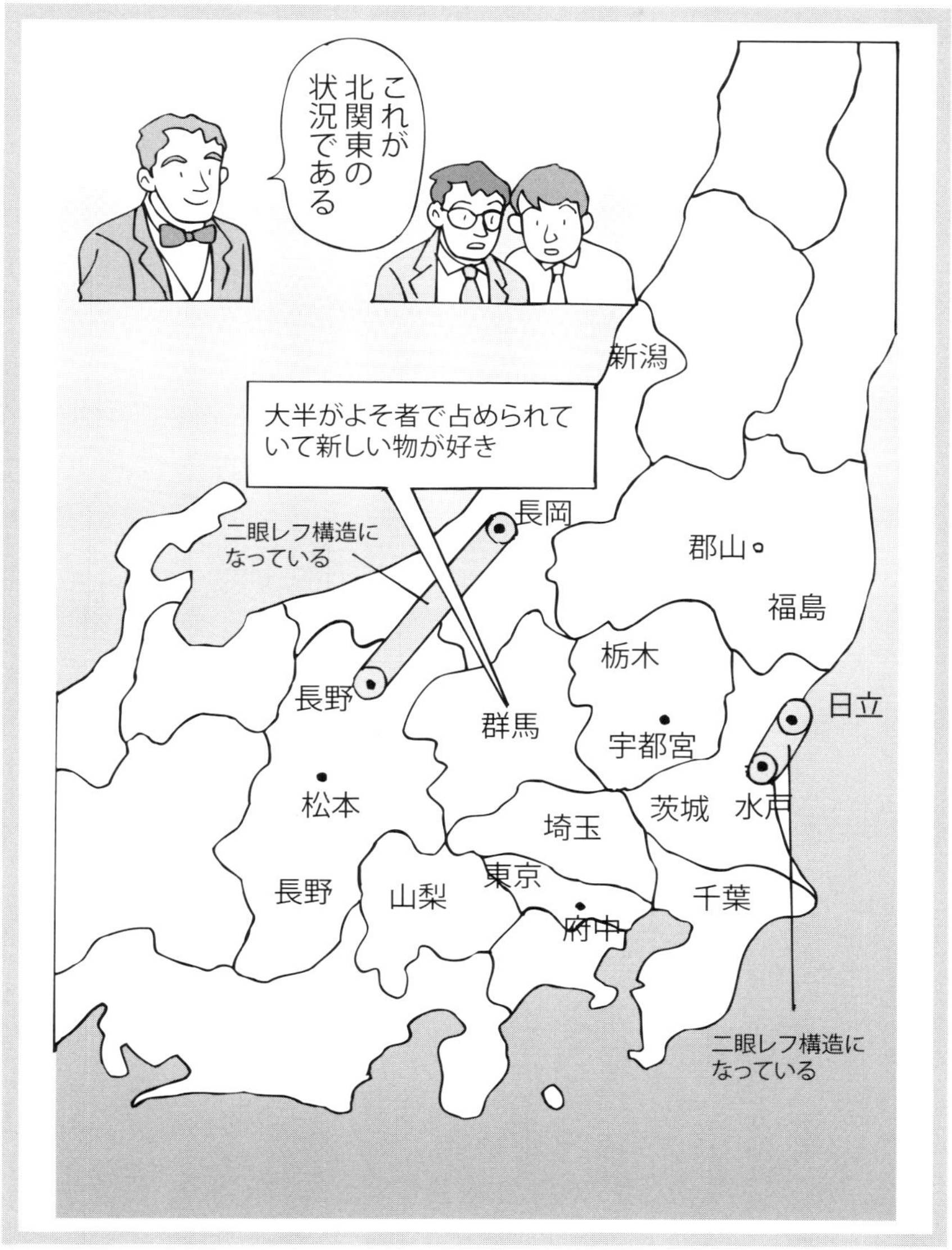

北関東地区の市場は流動的で、今後大きな変化が起きる可能性もある。

067 一つの地域と捉えてはいけない東京地区

◎三多摩のジンクス

東京地区を一つと考えてはいけない。

特に23区と三多摩の特性は異なっていることに注意が必要だ。例えば三多摩で成功したからといって、都心に持ち込んで成功した例はない。

ちなみに三多摩の市場で伸びてきたものには教育機器や学校給食と言った教育市場をターゲットにした商品がある。

つまり、**同じ都内とは言え、23区と三多摩では市場が異質である**ということだ。

◎三鷹と吉祥寺で分離される東京

この異質な市場を持つ三多摩地区と東京は、**マーケティング的には三鷹で分離されており、消費市場的には吉祥寺で分離している。**

ちなみに吉祥寺はレストランの実験市場として位置づけられている。

また、三多摩と言っても東村山市を含む旧北多摩郡の西武線エリアは実質的には埼玉県のエリアである。一方、町田市などは機能的に神奈川県のテリトリーとなる。

立川市は三多摩の中心地となる。乗降客の多い駅の周辺はプレジャー・センターになっている。

元米軍基地だった地域は市街化調整区域だったが、１９９８年の多摩モノレールの開業から沿線が市街化区域に変更され、立川駅周辺の開発が加速している。

◎八王子市の発展

ただ、**現在は八王子市が中心地**となってきている。八王子市の産業の約8割は第三次産業であり工業団地が発展し、交通の利便性から物流拠点も発展している。

また、58万人の人口により多摩地区のリーディングシティでもあり、21の大学を抱えた学園都市でもある。

小売業の年間商品販売額も多摩地区のトップであり、これに続くのが町田市、立川市、武蔵野市となっている。

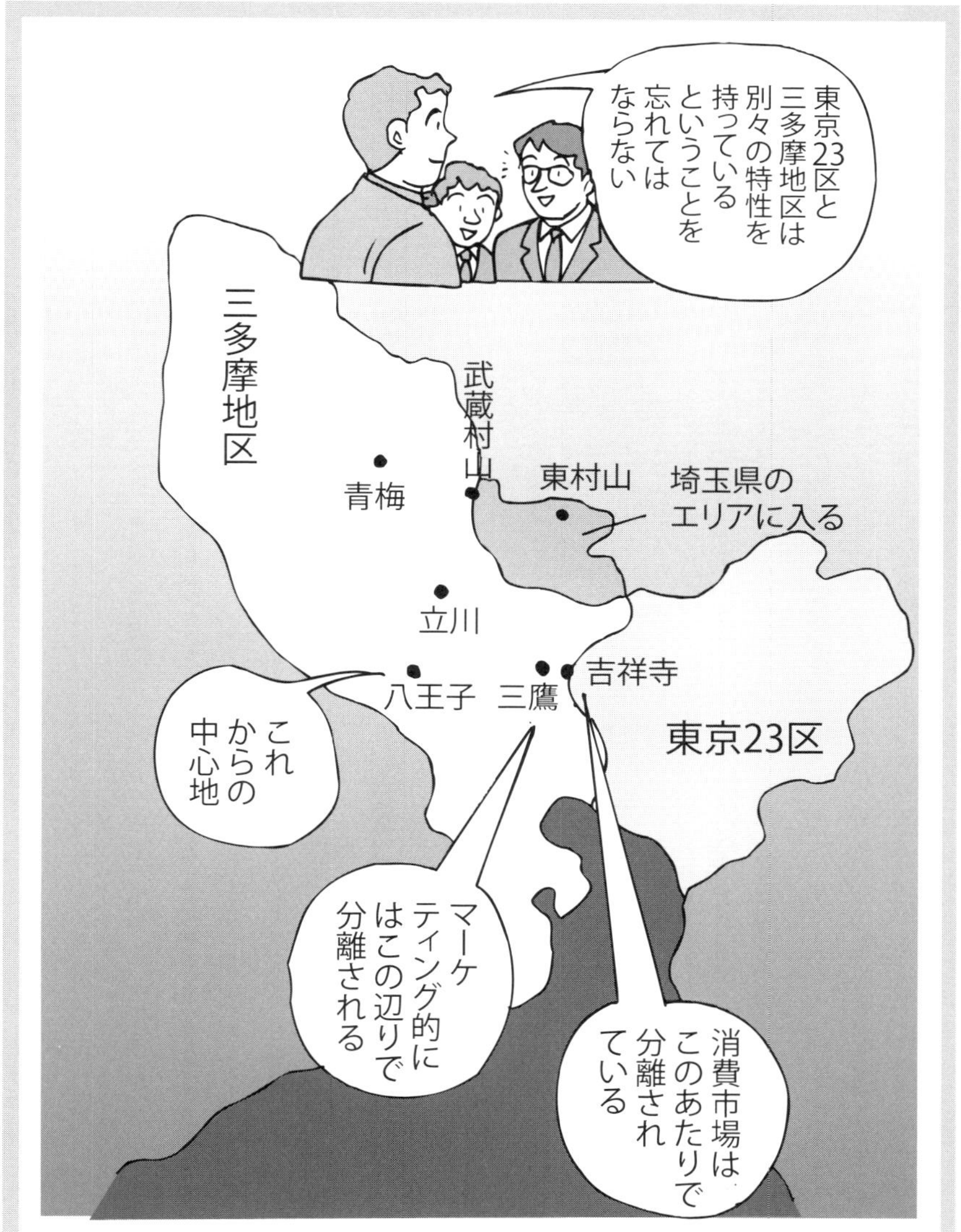

東京 23 区と三多摩地区の特性は違う。中心は八王子市で、三鷹や吉祥寺付近で分離している。

068 一筋縄ではいかない東海地方・北陸地方

◎**歴史的・地理的に複雑な静岡県**

静岡県は江戸時代に六人の藩主が治めていたという歴史があるため、複雑な地域になっている。また、静岡市と浜松市が二眼レフ構造を持っている。

さらに、富士川と大井川が地域を区切っているため、浜松と静岡を一本として管理することは難しくなっている。

そこに東海道線が境界線となり、富士山寄りの北側と海岸線の南側に分かれている。この北側は山梨県や長野県の商圏に入り、南側が静岡県固有の市場になっているのだ。

また、浜松の市場としてのマイナス要因に、ヤマハやスズキ、本田技研などの企業城下町であることが挙げられる。

◎**名古屋攻略は反時計回り**

名古屋は最も難しい地域だ。この地域は反時計回りに市場開拓すると良いとされている。

また、ベクトルが東に向かっているため、浜松も豊橋も名古屋のベクトルに入っている。そのことから、**浜松は静岡から攻略しようとすると失敗し、名古屋から攻略することが良い**とされるのだ。

◎**企業がミスする岐阜と滋賀のテリトリー配分**

岐阜は名古屋に隣接しているが、木曽川が名古屋を切り離しているため別の都市機能を持った商圏を形成している。

岐阜は北陸三県である石川県、富山県、福井県の拠点となっているのだ。

また、岐阜と二眼レフ構造を持っているのが滋賀県の彦根市である。これを考慮せずに、岐阜を名古屋支店の管轄に入れて失敗している企業は多い。その結果、占拠率を上げられないのだ。

滋賀が東に向かうことで北陸に一つのブロックを形成しているのだが、富山市だけは東京を向いている。

一方、富山市と二眼レフ構造になっている高岡市は金沢を向いているため、お互いにそりが合わない。つまり**富山市と高岡市は、同じ富山県内でも異なる市場の特性を持っている。**

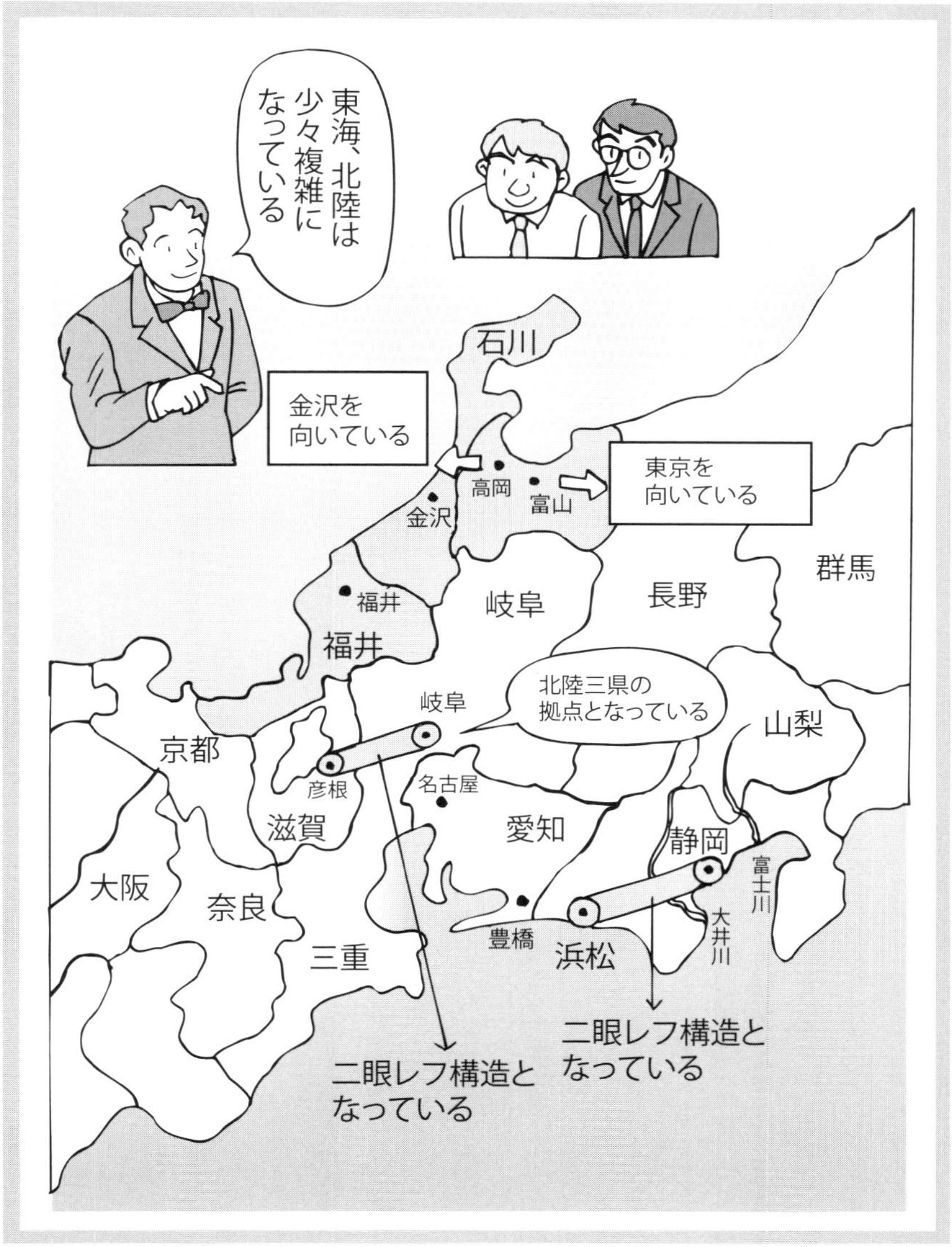

静岡県は北側が山梨や長野の商圏に入り、南側が静岡県固有の市場だ。滋賀県は北陸三県の拠点となっている。

069 個性的な地域が集まる関西地方

◎三重を制する者は東海ルートを制す

大阪は、言うまでもなく関西市場の中心地だ。この**大阪の特徴は、線のマーケットが放射状に伸びていること**だ。

その線が向かっているうちの一つである三重県では、大阪と名古屋の市場が重複している。

歴史的に、伊勢商人は目の前の名古屋には入らずに東に出てきた。そのため、関東には伊勢屋という屋号が多い。

特に神奈川県に進出した伊勢商人が多いため、**三重を制したものは東海を制する**というジンクスができあがり、三重が東海ルートへの拠点となった。

そのため、大阪人が東海ルートに進出する際は三重県を押さえるのだ。

◎新幹線が観光客を減らした？

以前は、和歌山に向かうルートは白浜を中心とした観光ルートであった。

しかし、新幹線が岡山や博多に向かって敷かれたため、観光客が激減してしまった。つまり、それまで白浜に来ていた新婚旅行者などの観光客が、素通りするようになったのだ。

これは、ターミナルが通過地点に変わったことの影響を如実に示す例となっている。

また、奈良県の商圏としての特徴は、この地域では**政治的な力関係と結びつかないと商売が難しい**ということだ。例えば県議会に縁故があるなどが商売をする上で重要になる。一方で住宅開発が進んでいることも知っておくべきだ。

◎京都も一つではない

そして京都は一つと考えずに、北側と南側、そして京都市と分けて考えるべきだ。

北側は滋賀県と同じ扱いで、南側は大阪と同じに扱う。

そして京都市はこれらと別格になる。**京都市の特徴を端的に表すとケチで打算的で建て前と本音が違う**ということだ。そのため、前述の北海道と同様に、**よそ者の方が成功しやすい地域**となる。

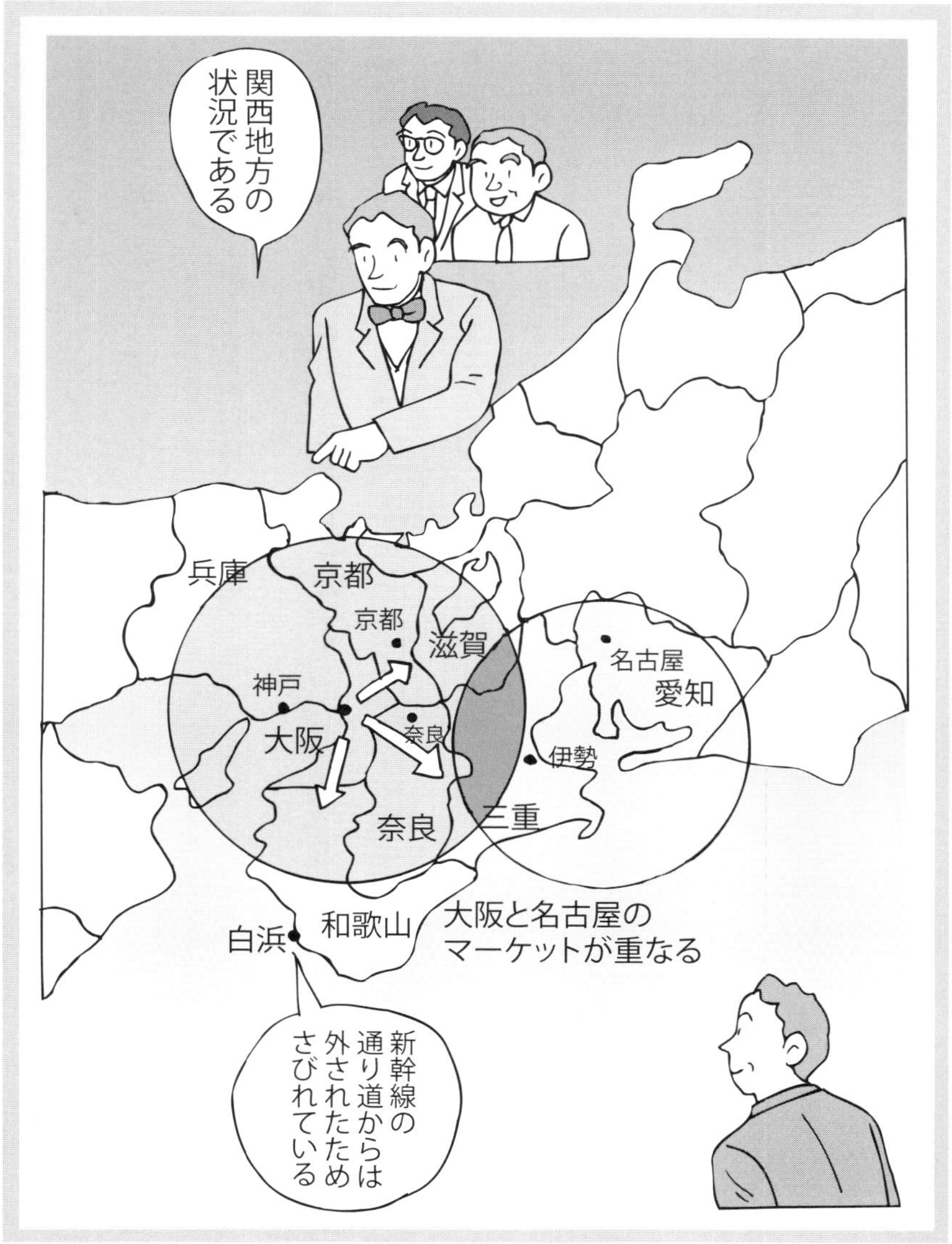

三重を制する者が東海ルートを制する。奈良は政治的な力が強い。京都は特性が三つに分かれ、よそ者の方が成功しやすい。

070

西側拠点説の例となる中国地方

◎**広島は下関から攻める**

広島県は中国地方の中心であり、サロン性経済地域と言える。戦災で全て破壊されて生まれ変わった都市であるため、実験的な市場になっており、問屋経済が中心になっている。

広島県は岡山県側から進出して成功したケースはなく、北九州寄りから攻めると成功しやすい。

特に下関市から攻めると占拠率が高くなるというジンクスから、**西側拠点説の例となっている。**

◎**岡山から広島を攻められない二つの理由**

広島を岡山から攻めようとすると、福山市で必ずブロックされる。このことから、**福山市が重要な拠点**として見直されている。

その根拠の一つは、四国にかかる坂出ルート、今治ルートの橋がかかったことで、福山市が瀬戸内海にある島々の開発を一手に担うことになったためである。

二つ目の根拠は、福山市が鳥取と結ぶ山陰ルートの拠点でもあるということだ。

以前は山陰との横断線が弱かったが、山陽自動車道、岡山自動車道、中国自動車道、米子自動車道の連携で、福山から鳥取、米子が横断できるようになった。

岡山市の特徴を簡単に言えば、ケチで閉鎖的ということになる。四国の高松の窓口としてだけ機能しており、商圏は小さい。技術の合理化は進んでいるが、重要な拠点とは言いにくい。

◎**山口県の西側は北九州市場？**

山陰地方では、一見市場性がなさそうな鳥取県に、米子市と鳥取市という二眼レフ構造があることが重要だ。

一方、同県の松江市は産業都市ではなく文化都市であるため、発展性が小さい。ここが発展するためには米子と二眼レフ構造を形成するしかなさそうだ。

山口県の西側は、北九州の市場に含まれていると言える。この地域には九州のテレビ局の電波も届くため、福岡のテレビは地元のテレビのように受け止められている。

広島県は岡山県側からではなく、下関市から攻めると占拠率が高くなるジンクスから、西側拠点説の例となっている。

071 攻め方に注意すべき四国地方

◎**四国で最重要な愛媛県**

愛媛県は四国で最も重要な県だ。それは人口が多いということもあるが、松山市という最も恵まれた地域があるためだ。

歴史上でも、豊臣秀吉をはじめとして愛媛から船を使って香川県の高松を攻めることが一般的だった。

一般的なベクトルが、松山から高松寄りに東に向かって攻めるようになっているのだ。

また、**徳島県は大阪の商圏に完全に入っている**と考えられる。

◎**高知県は四国攻略の拠点**

高知県は四国の縮図だ。四国と本州が淡路島を経由して橋でつながったことで、高知県は徳島寄りになっている。

高知にとっては徳島ルートの方が、今治、坂出ルートの本四連絡橋より重要となっているようだ。

そのため、高知の発展ルートは県南西部にある中村市から高知市を通って徳島へ抜けるベクトルになっている。

また、高知県は海岸線だけが商圏であるため、占拠率を高めることは比較的容易だ。まず**高知に拠点を作れば、四国は攻略しやすい**。

◎**四国では最後に攻略すべき意外な場所**

高知県では日産自動車が占拠率ナンバーワンとなっているように、本州とは異なり特定のブランドが高い占拠率を占めやすい。

日産自動車は中村から徳島に抜けるルートを完全に押さえているためにうまくいったのだ。これが逆に徳島から中村を攻めるコースであれば、うまくいかなかったかもしれない。

高知の発展の条件は徳島とのつながりを考えることだ。また、香川県の高松は四国の窓口と思われがちだが、ここは最後に回すことが四国攻略においては賢明だ。

しかし、高松を中心に活動している企業が多いのが現実で、実情としてはそれらのほとんどはうまくいっていないようだ。

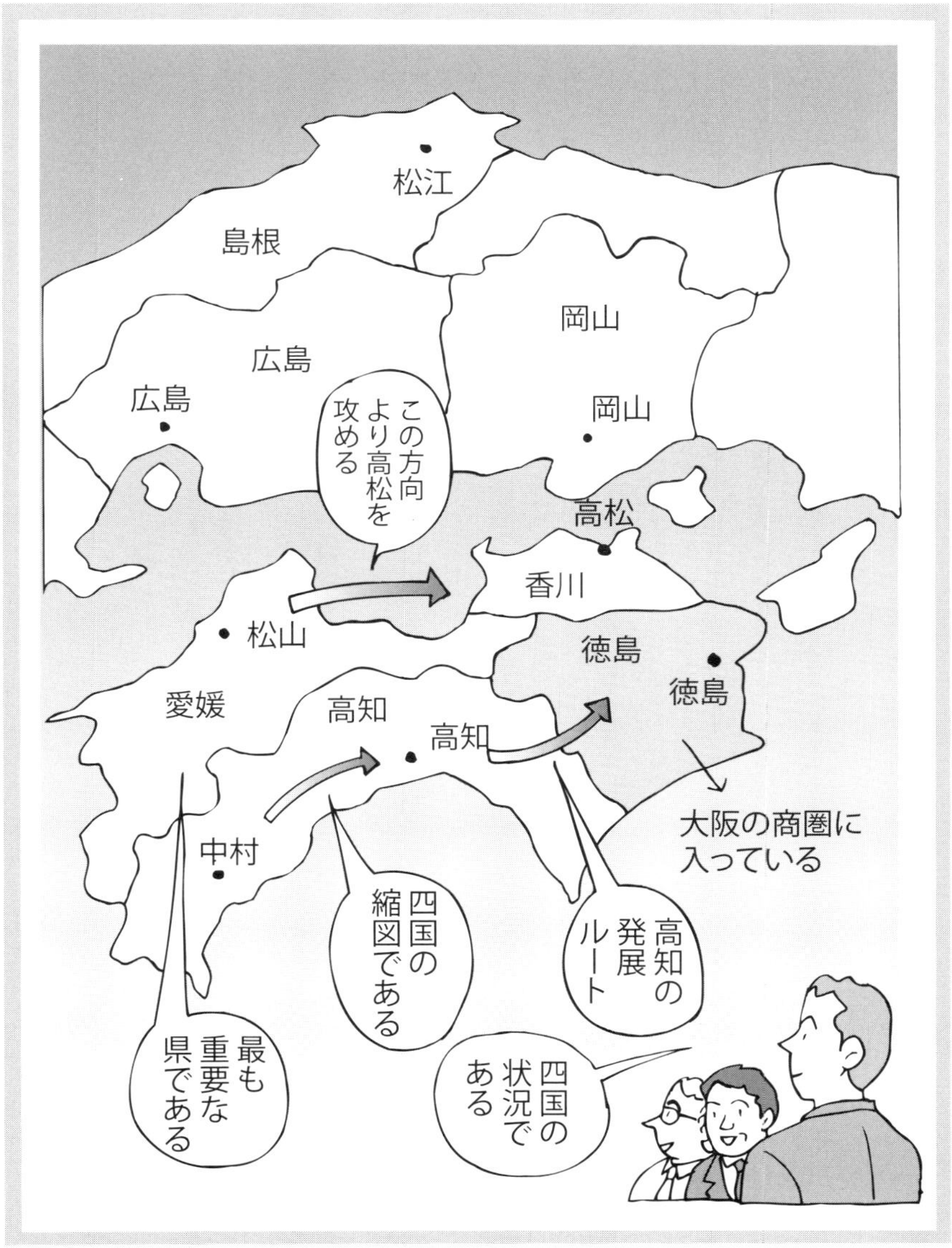

四国で最も重要な県は愛媛県で、徳島県は大阪の商圏に入っている。高知に拠点を作れば四国は攻略しやすい。

072 癖の強い九州地方

◎鉄道で分けられる九州の三つの商圏

九州は鹿児島本線、日豊本線、そして長崎本線という主な鉄道によって商圏が三つに分けられている。鹿児島本線沿いは東京勢が、日豊本線沿いを関西勢が押さえている。九州では鹿児島本線や日豊本線の縦断線が太いために南北ラインばかり往復してしまいがちになるが、実は東北地方同様に**横断線が占拠率を高める上では重要**だ。

つまり、宮崎から熊本に抜けるルートや熊本から大分に抜ける阿蘇ルートだ。

◎採算性の悪い九州の風土的特性

十分の一経済と言われている九州だが、販売組織も十分の一にすると手が回らなくなる。

それは、常に巡回していないとブランドのチェンジが行われてしまう風土的な特性があるためだ。

しかも、地道に足で稼ぐ必要があり、例えば博多で集会を行うように得意先に呼びかけても効果がない。

市場の規模のわりには採算性が良くはない地域であると言える。

◎「商品のうば捨て山」と呼ばれる理由

九州は「商品のうば捨て山」などと言われる特性を持っている。これは、十分の一経済と言われながら、2割くらい余分に商品を押し込んでも売りさばいてしまうという特性を示している。地元だけでなく、外に向かって売ろうとする傾向が強いことが理由だ。

この傾向が顕著なのは門司市とその周辺の地域だ。この地域は、九州では最も倒産する企業が多いと言われているが、その原因は本州にも売ろうとして商品の在庫を大量に抱えてしまう傾向があるためだ。

そして**北九州と博多が二眼レフ構造**になっているが、両方の占拠率を維持することは難しい。

博多に注力すれば北九州が落ちてしまい、北九州に注力すると、博多が落ちてしまう。

両方に力を入れると共倒れになるという扱いにくい地域であると言える。

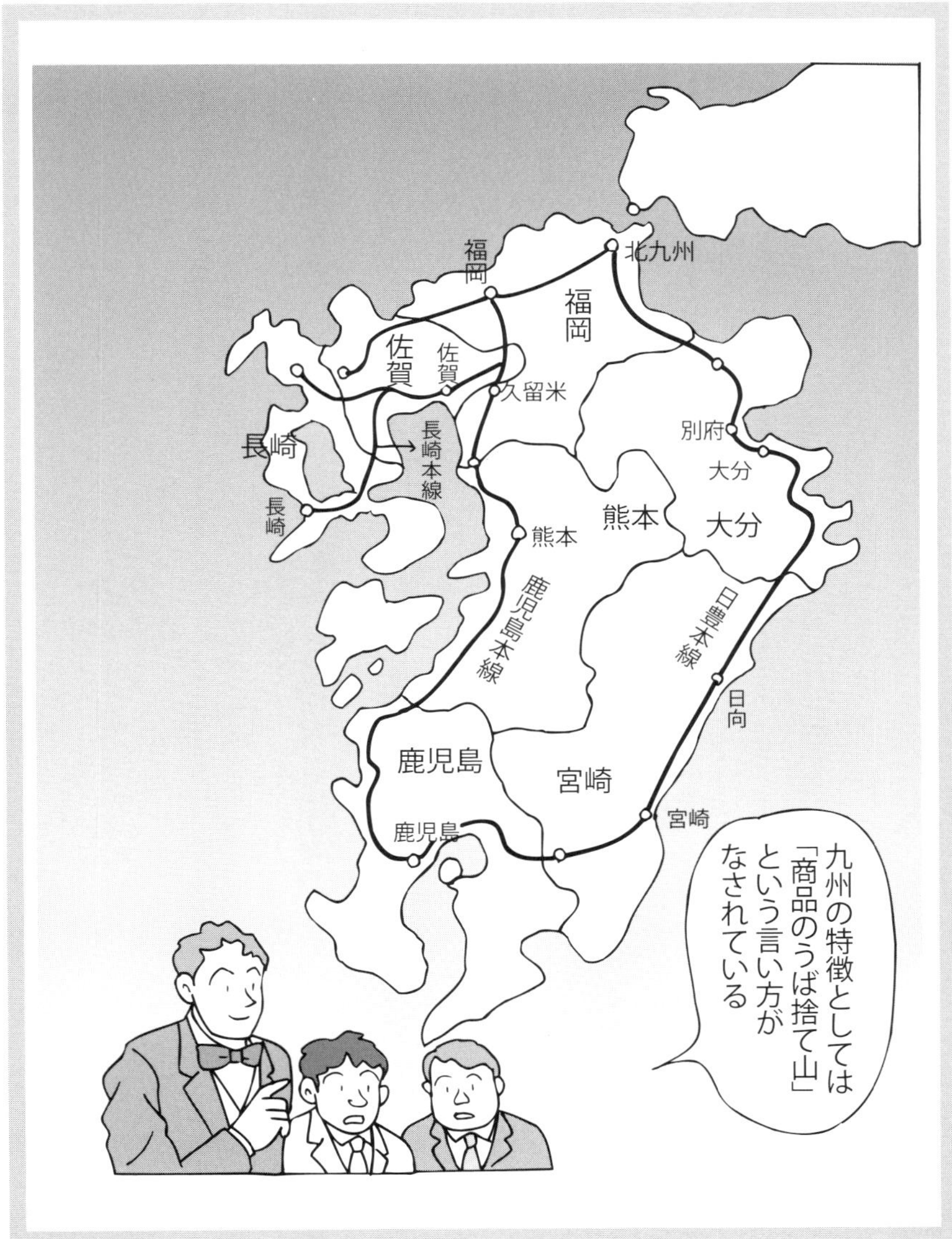

九州は市場の規模のわりに採算性が良くない。「商品のうば捨て山」と言われることもある。

第8章

差を付けるための時間管理

073 営業マンの時間管理

◎営業マンの行動をチェックすることから始める

営業マンの得意先における滞在時間を多くすることは、営業マンの攻撃量を増やして販売実績を上げることにつながる。そのため、営業マンの時間管理を行う必要がある。

実績につながる攻撃量を増やすために、実績につながらない無駄な時間を可能な限り少なくするのだ。そのために、営業マンの攻撃性の測定と管理を行うことがマネジャーに求められる。したがって、マネジャーは営業マンの現状を把握することから始めなければならない。営業マンの日々の行動を業務記録などで調べ、1日の行動を確認する。

◎「旬別分析」と「曜日別分析」

完全な分析を行うには3か月以上が理想的だが、最低限の調査は1か月でも可能だ。

時間の使い方にどのような特徴があるのかを調べるために、1か月を上旬、中旬、下旬に分ける。また、訪問回数や行動特性を曜日ごとに分析する。

このように**1か月を三つに分けて分析する方法を「旬別分析」、曜日で分析する方法を「曜日別分析」**と呼ぶ。

営業の行動特性を、締め日を中心に10日ずつ比較するのが旬別分析となる。

この締め日直後の行動が販売実績に影響を与えやすいのは、一般的に営業マンの行動が締め日直後に緩慢になりやすい傾向があるためだ。つまり、競合も一息ついている時である。

◎月曜と火曜が業績を上げるポイント

一方、タイプによっていくつかの行動パターンが見えてくるのが曜日別分析だ。週の初めは動きが鈍く、後半になると行動量が増えるというのが最近の傾向だ。

逆に、週のはじめは行動的だが、後半にスタミナ切れとなるタイプもある。

このような偏りをなくして平均的に動けることが理想的だ。また、**週の初めの月・火曜日に訪問回数を増やすと、業績が上がりやすい。**

営業マンの得意先訪問における滞在時間を多くするために、旬別分析と曜日別分析を行い、行動の偏りを把握しよう。

074

「長くいる」より「よく来る」が大事

◎営業成績を高める「得意先滞在時間比率」

「得意先滞在時間比率」は1日の中で得意先に滞在している時間の割合を示す。この滞在比率が高い営業マンほど成績が良いというデータがある。

したがって、**時間管理上の最大の課題は、滞在時間比率を高めることになる。**

1日の平均労働時間が11時間というのが、現在日本の営業マンのワークスタイルだ。したがって、この時間をこれ以上増やすことは無理がある。そのため、滞在時間の比率を高めることが、限られた時間の有効活用となる。

◎滞在時間を増やす二つの方法は二律背反の関係

滞在時間比率が50％というのはアメリカの営業マンの目標で、「50％コンタクト」と呼ぶ。日本の場合は40％目標というケースが多い。滞在時間比率が30％にすら満たないことがほとんどというのが生産財の営業だ。

このように低めの数字が出るのは、営業活動に科学的管理を導入していないためである。

それでは滞在時間を長くするにはどうすれば良いか。考え方は二つあり、一つは1回当たりの**訪問時間を長くする**こと。もう一つは1回当たりの滞在時間は少なくても**訪問回数を多くする**ということだ。

この二つは両立できない。一軒当たりの滞在時間が長くなれば訪問回数は限られてくるし、訪問回数を増やすためには一軒当たりの滞在時間を短くせざるを得ない。

◎優秀な営業マンは「長くいる」より「よく来る」

じつは重視すべきタイプは一軒当たりの滞在時間を短くしてでも訪問回数を増やす方だ。

というのも、**親近感や熱心さが伝わるのは「よく来る」営業**だからだ。滞在時間を長くすることは、場合によっては先方に迷惑がられてしまう。

ただし、平均滞在時間は短くしても、ここぞと言うときは粘るのが優秀な営業マンである。

訪問するときの目的に応じて滞在時間を自在に調整できることが大切だ。

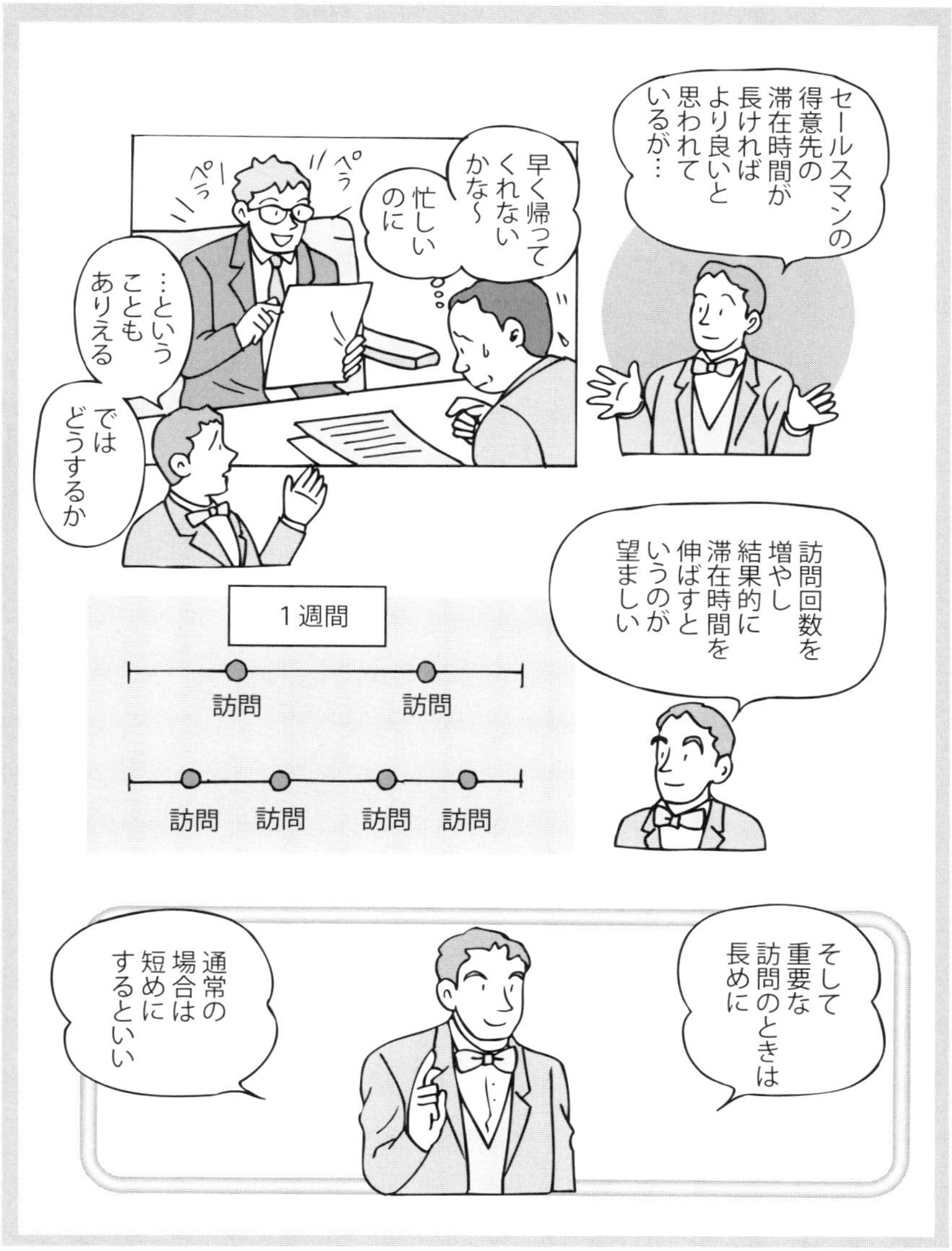

時間管理上最大の課題は、滞在時間比率を高めること。1回あたりの訪問時間を長くするよりも、訪問回数を増やそう。

075 社内業務時間比率を小さくする

◎得意先滞在時間を増やすための二つのポイント

攻撃量を増やして業績を向上させるためには、得意先滞在時間を増やす必要がある。このとき、二つの問題点があることが、行動時間の分析から見えてくる。

一つ目が、**社内業務時間が長すぎること**だ。二つ目に、**交通移動時間が長いこと**となる。

一つ目の社内業務時間が長すぎる点については、1日の労働時間に占める社内業務時間比率に注目する必要がある。この社内業務時間比率を減らすことで社外での営業活動時間を増やすことができるためだ。そこで**社内業務時間比率を20％以内に収める**ことを目標にしたい。

◎スタート時間を前倒しする

午前中の時間の使い方を工夫することで社内業務時間比率を下げることができる。営業マンの午前中の時間の使い方は、成果を大きく変える。一般的に営業マンは午前中に1～2件、午後に4件の得意先を訪問している。1日に5～6件訪問しているわけだ。

このとき、**午後の訪問件数よりも、午前中の訪問件数を増やすべきだ**。それは、午前中の時間の使い方の方が工夫しやすいためである

結論を言えば、調査データから営業マンの一般的なスタート時刻は10時10分であるとされているので、それを1時間前倒しして9時10分スタートとすることである。

◎スタート時間を早める改善を

そもそもスタートが遅い主な原因は次の三つと考えられる。

- **朝礼や会議が長い。**
- **前日書いておかなければならなかった日報などを朝書いている。**
- **通勤時間が長すぎてすぐに動けない。**

以上のことに配慮した上で、スタートを前倒しできるように改善策を立てる必要がある。そして午前中の訪問件数を増やすことで1日の訪問件数を増やし、得意先滞在時間を増やせれば業績も向上する。

得意先滞在時間を増やすためには、社内業務時間の比率を20％以内に収め、午前中の訪問件数を増やすことだ。

076 社内雑務を効率化する

◎営業の大事な時間帯を潰す会議は止める

会議の多さや長さが営業マンの社内業務時間比率を上げている、という会社も多いだろう。無駄な会議は、社内業務時間比率を20％以下に抑えられない一番の原因となりやすい。それも必要性を感じられる会議なら良いが、全くの無駄だと思われている会議も多い。

特に**営業マンの業務報告の類いに1時間も2時間もかけているようであれば、考えものだ。**

組織としての戦略やマネジャーに管理能力がないほど、この手の無駄な会議が増えてしまう。

特に月曜日の午前中という営業マンにとって重要な時間を奪っているような会議はすぐにでも止めるべきだ。

◎会議と書類作成の効率化を図る

会議を効率的に進めるためには、予めチェック表を作成しておくことも有効だ。チェック表には事前に、会議の目的や解決したい課題、問題点、他社の状況などを記しておく。

また、書類作成が営業の社内業務時間比率を高めているのであれば、これも改善したい。

企画書やプレゼン資料など、次の営業のために時間をかけるべき資料作りもあるが、業務日誌や社内報告書などのルーチン・ワークは、できるだけ必要最低限の記入で済むように簡素化し、テンプレート化や自動化を検討したい。

◎営業は積極的外商体質を身に付けるべし

また、**来客型接客体質による待ちの営業も改善すべき**である。この体質も社内業務時間比率を高める原因となっており、営業活動に必要な積極的外商体質を疎外してしまう。それに、相手の都合次第で待機時間のロスが生じてしまうため、営業は積極的に自ら出向くようにしなければならない。

また、**電話やメールだけで何でも済ませようとする受動型体質も改善すべきだ。**この体質の営業マンは、できるだけ自分は動かないで済むように、相手に電話させたりメールを書かせたりするようになってしまう。

業務報告ばかりの無駄な会議や時間のかかる書類作成等はできる限り簡素化し、社内雑務を効率化しよう。

077

交通移動時間の比率に注目する

◎滞在時間比率を増やせない原因

交通移動時間の改善も、得意先滞在時間を増やすためには避けて通れない。

我が国の営業マンの総労働時間における平均交通移動時間が占める割合は30％であるという調査結果がある。既に限界の水準に来ているというのが実情だ。

仮にアメリカの営業マンが目標としている滞在時間比率50％を目指した場合、既に社内業務時間比率が20％であれば、交通移動時間の30％を加えたら１００％になってしまう。ここには食事時間などは含まれていないため、もはや滞在時間を増やす余地がない。

この現状が、我が国の滞在時間比率を増やせない原因の一つとなっているようだ。そこで、**交通移動時間の比率を30％以下に抑える必要がある。**

◎テリトリーサイズを縮小して移動時間を効率化

担当するテリトリーが広すぎると、どうしても交通移動時間が増えてしまう。しかも新規開拓をすればするほど交通移動時間が増えてしまう。

そこで拠点の配置の仕方と、営業マンの得意先の持たせ方の二点から改善点が浮かび上がってくる。

簡単に言えば、**営業マン一人当たりのテリトリーサイズを縮小すれば交通移動時間が短縮する。**

◎テリトリー外の受注に応じなかった工事店

例として北関東で考えてみる。北関東をたった二人でカバーさせている企業は多い。しかし、この地域は縦横１４０キロに及ぶ広大な地域だ。１日の労働時間の60％を交通移動時間に投入しなければ、営業活動はできない。

そのためある工事店では、営業所を水戸市、高崎市、宇都宮市、小山市に置き、各営業テリトリーを20キロ以内と決めた。テリトリーを越える地域の受注は全て応じないことにしたのだ。

その結果、交通移動時間や交通費の削減になっただけでなく、テリトリー内の占拠率が高まることで利益が増大した。

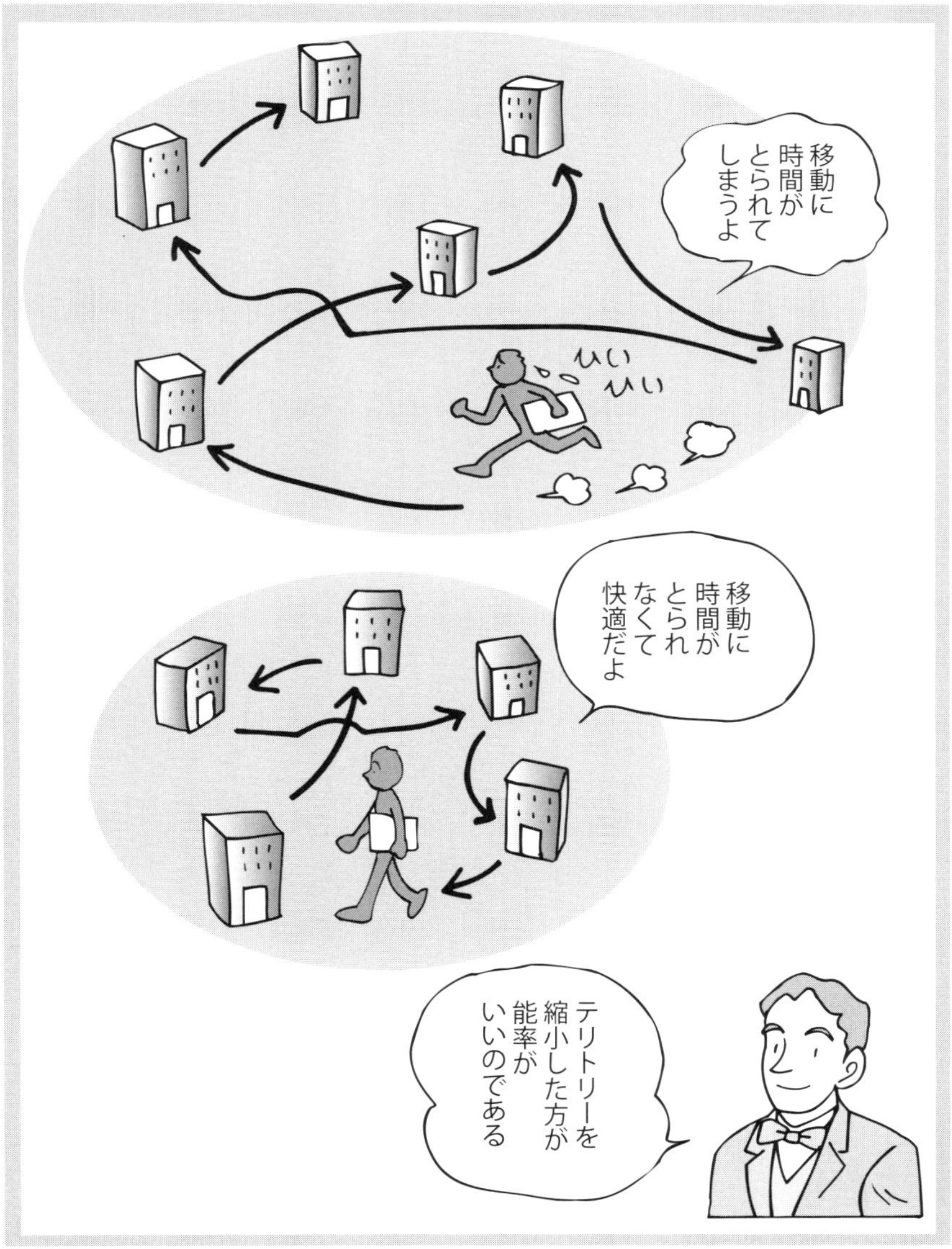

交通移動時間を30％以内に抑えるため、テリトリーの縮小と制限を検討しよう。

078 交通移動時間を短縮する工夫

◎営業マンは移動経路に精通していること

担当させられたテリトリーが広すぎるなど、交通移動時間の比率が大きくなってしまうのは営業担当者自身の責任ではない。

ただ、営業マン自身が工夫することで改善できる部分もある。例えば得意先に向かう際の交通網や道について詳しくなるといったことも、一見ささやかな心がけだが、日々の積み重ねで大きな差が出る。

列車で移動しているのであれば、効率の良い乗り換えルートを知っているとか、車で移動しているのであれば渋滞を避ける方法を知っていることが挙げられる。

このような工夫でも訪問先や滞在時間を増やすことができるのだ。

◎「ホームシック型」と「無計画型」を止める

営業は1日に複数の得意先を回ることが普通だが、効率の良い訪問順序を研究しておくことも、行き当たりばったりで移動するよりはかなり移動時間を節約できる。

新人の営業マンにありがちな訪問タイプとしてホームシック型がある。これは、得意先を一つ訪れる度に会社に帰ってくるタイプだ。例えばA・B・C・Dという四つの得意先を訪問する際に、会社→A→会社→B→会社→C→会社→D→会社と移動していては、非常に効率が悪くなる。ここは一気に会社→A→B→C→D→会社と回るべきだ。

また、自ら計画を立てて訪問順を決めてからアポを取らずに、得意先の都合にばかりに合わせて移動するのも効率が悪い。できるだけ、効率の良い回り方を調べてから、その順位に合わせてアポをとる方が良い。

◎訪問先の未消化を無くす工夫を

そして案外やってしまうのが、訪問しやすい得意先から回ってしまうことだ。このタイプでは、できれば行きたくない得意先への訪問を後回しにしてしまい、気の合う得意先ばかりに時間をかけてしまう。その結果、結局時間切れで訪問できないか、慌ただしく短い滞在時間で済ませてしまうことになる。

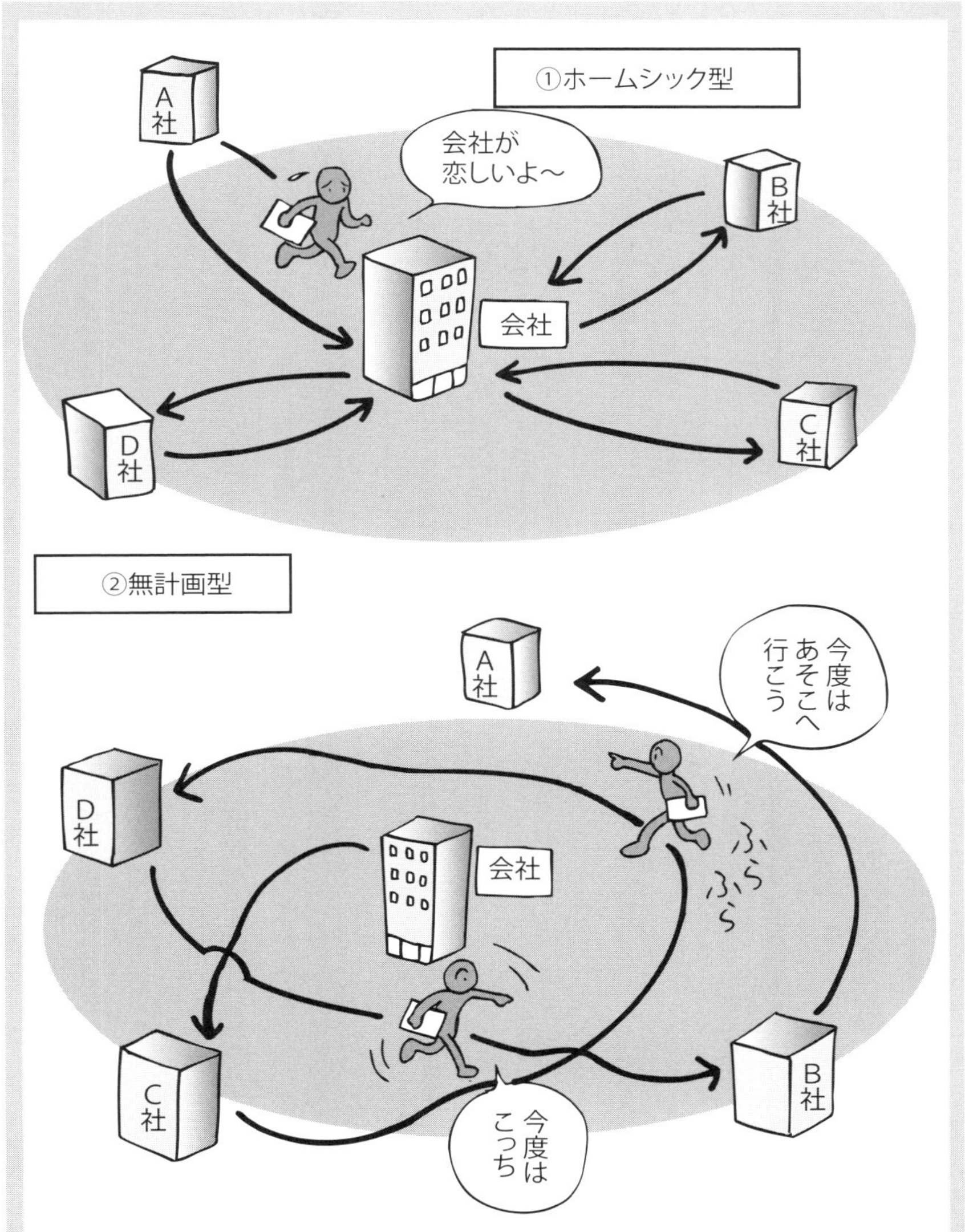

移動経路の把握を心がけ、効率の良い訪問順序を研究しよう。
ホームシック型や無計画型の行動にならないように注意。

079

訪問ルートの効率化

◎**訪問順序とルートを効率化する**

得意先滞在時間比率を高めると同時に訪問先を増やすためには、計画を立てなければならない。無計画に訪問先を増やしてしまうと、滞在時間が短くなってしまうためだ。

また、計画を立てなければ行動に無駄も発生し、訪問先が増える度に効率がどんどん悪くなってしまう。

そのような事態を避けるために、訪問先の位置を確認し、より効率の良い訪問順序とルートを予め決めておく必要がある。このことで、交通費やガソリン代の節約もできるが、何より時間の無駄を削減することができる。

◎**訪問頻度と滞在時間を標準化する**

計画を立てるもう一つの理由は、ロストユーザーが発生することを防ぐためだ。

つまり、無計画な訪問により予想外に時間がかかってしまうことで、未訪問先ができてしまうことを防がなくてはならない。

そのためには、**全ての得意先を均一に回るのではなく、優先順位により月当たりの訪問回数や一回当たりの滞在時間に差を付ける**のだ。

例えばA社は重要度が高いので月に二回訪問し、一回の滞在時間を1時間にするが、B社は重要度が低いので月当たり一回の訪問で滞在時間も30分で十分だろう、といった具合である。

◎**「少しでも多く」では士気が上がらない**

そしてもう一つ、計画を立てることの効能がある。それは、営業マンの士気を高めることだ。

上司が抽象的に「少しでも多くの訪問をしろ」などと指示しては、具体的にどこまで努力すべきか見えないため、士気が低下してしまう。

そこで、**具体的な1日当たりの得意先訪問件数や、新規開拓のための月当たりの訪問件数の目標を示す必要がある**。

このような具体的な目標が設定されることで、初めて計画を立てることができるのだ。

無計画に訪問せず、訪問先の優先順位を付けて訪問する。具体的な数値目標を示すことで、やる気を高めよう。

080 営業の標準化と科学的管理

◎営業の標準化のために理解すべき数式

営業マンの人数と稼働日数を増やさないままで実績を上げようとすると、1日の訪問回数を増やさなければならない。なぜなら、実績を上げるための式は次の通りだからだ。

営業マンの数×1日平均訪問回数×稼働日数

この式は次のように分解できる。

Aクラスの数×訪問回数×滞在時間
Bクラスの数×訪問回数×滞在時間
Cクラスの数×訪問回数×滞在時間

つまり、ABC各クラスを分類して組み合わせ方を工夫することで、平均訪問回数を可能な限り増やし、稼働日数も増やすことで、販売実績を上げることを目指さなければならない。

◎精神論より科学的管理が営業マンの士気を上げる

前述の式による標準化が理解できなければ、営業マンを管理するマネジャーは有効な計画を立てることができない。

その結果、部下に得意先の訪問件数や滞在時間の配分といった具体的な努力目標を、合理的な根拠を示しながら指導することができない。科学的管理には、標準化が欠かせないのだ。

このような科学的な管理の元に具体的な訪問回数や滞在時間の配分を示すことができないと、結局精神論を振りかざすことになり、営業マンたちの士気は下がってしまう。その結果、目標を達成することが、「できるようで、できないような」といった曖昧な状態になってしまう。

◎訪問計画を立てるには、稼働日数の管理から

同様に、各営業マンの1か月間の稼働日数も標準化されていなければ、営業マンも無計画に休暇申請を出し、それに対してマネジャーも無条件で承認してしまう。

その結果、組織全体の実績が積み上がらずに売上目標を達成できないことになってしまう。

それでは、訪問回数と滞在時間の具体的な計算方法についての説明に進めたい。

科学的管理には「標準化」が欠かせない。それができないと、具体的な努力目標を合理的な根拠を示しながら指導できない。

081 クラス別訪問回数で効率化する

◎訪問計画を立ててみる

それでは、具体的な事例を使って、ある営業マンの訪問計画を立ててみよう。

この営業マンは現在次の状況にあると仮定する。

・1日平均訪問件数……8件
・月間稼働日数……5日（他地域も担当している）
・1日平均労働時間……8時間
・得意先滞在時間比率……40％
・得意先数……Aクラス5店　Bクラス3店
Cクラス5店　新規開拓候補　7店
（新規開拓候補店は月一回訪問したい）

この状況で、X社（Aクラス）Y社（Bクラス）Z社（Cクラス）には月に何回の訪問をすべきだろうか。

◎中間の重要度のBクラスを先に決める

現状ではこの営業マンは、1日平均訪問件数8件×月間稼働日数5日で、1か月に40件回れることが分かった。

得意先の合計が20件なので、月平均で各2回は訪問できることになる。

そこで、重要度が中間に位置するBクラスを月に2回訪問するという条件を設ける。新規開拓候補店には月に1回訪問することが条件とすると次の式が成り立つ。

Aクラス　5店×□＝□
Bクラス　3店×2＝6
Cクラス　5店×□＝□
新規　7店×1＝7

この式の合計が40件になれば現状のペースを守れる。既にBクラス6件と新規開拓7件で13件なので、残りは40件－13件で27件となる。

この27件をAクラスとCクラスに割り当てるので、Cクラスを月に1件とすれば5×1で5件となる。残りの22件をAクラスの5店で割れば4・4件となる。

つまり、X社は4～5回、Y社は2回、Z社は1回が月当たりの訪問回数となる。

ABC各クラスを分類して組み合わせ方を工夫することで、平均訪問回数を可能な限り増やそう。

082

クラス別滞在時間で効率化する

◎滞在時間を計算してみる

訪問回数については前項で既に計算してみた。そこで次に、滞在時間を計算してみる。

前項で登場した営業マンは、X社（Aクラス）Y社（Bクラス）Z社（Cクラス）のそれぞれに、どのくらいの滞在時間を設定することができるだろうか。

営業マンの訪問先の条件などは前項と同じとする。

すると、この営業マンの得意先における総滞在時間は次の計算になる。

総滞在時間＝8時間×5日×40％＝960分

960分を1か月の訪問回数である40件で割ると、1件当たりの平均滞在時間は960分÷40で24分となる。

◎中間の重要度のBクラスを先に決める

先に重要度が中間であるBクラスと、新規開拓候補店を同じ重要度として各15分を割り当ててみる。

そして滞在時間の最低時間を10分は必要だろうと考えて、最も重要度の低いCクラスの滞在時間を10分とする。

これらを前提として全体の滞在時間を計算するには次の式が成り立つ。

Aクラス　5店×4＝20　□分×20＝□分
Bクラス　3店×2＝6　15分×6＝90分
Cクラス　5店×1＝5　10分×5＝50分
新規　7店×1＝7　15分×7＝105分

この合計を960分にすれば良い。

既に決めたBクラスとCクラス、そして新規開拓候補店の滞在時間合計は90分＋50分＋105分で245分となる。

総滞在時間の960分から245分を引くと715分となる。

これがAクラスに割り当てられる滞在時間となる。

この715分をAクラスの件数20で割ると35・75分となる。つまり、約36分だ。

これらの計算から、各社への滞在時間は、X社は36分、Y社は15分、Z社は10分となる。これが効率的な滞在時間となる。

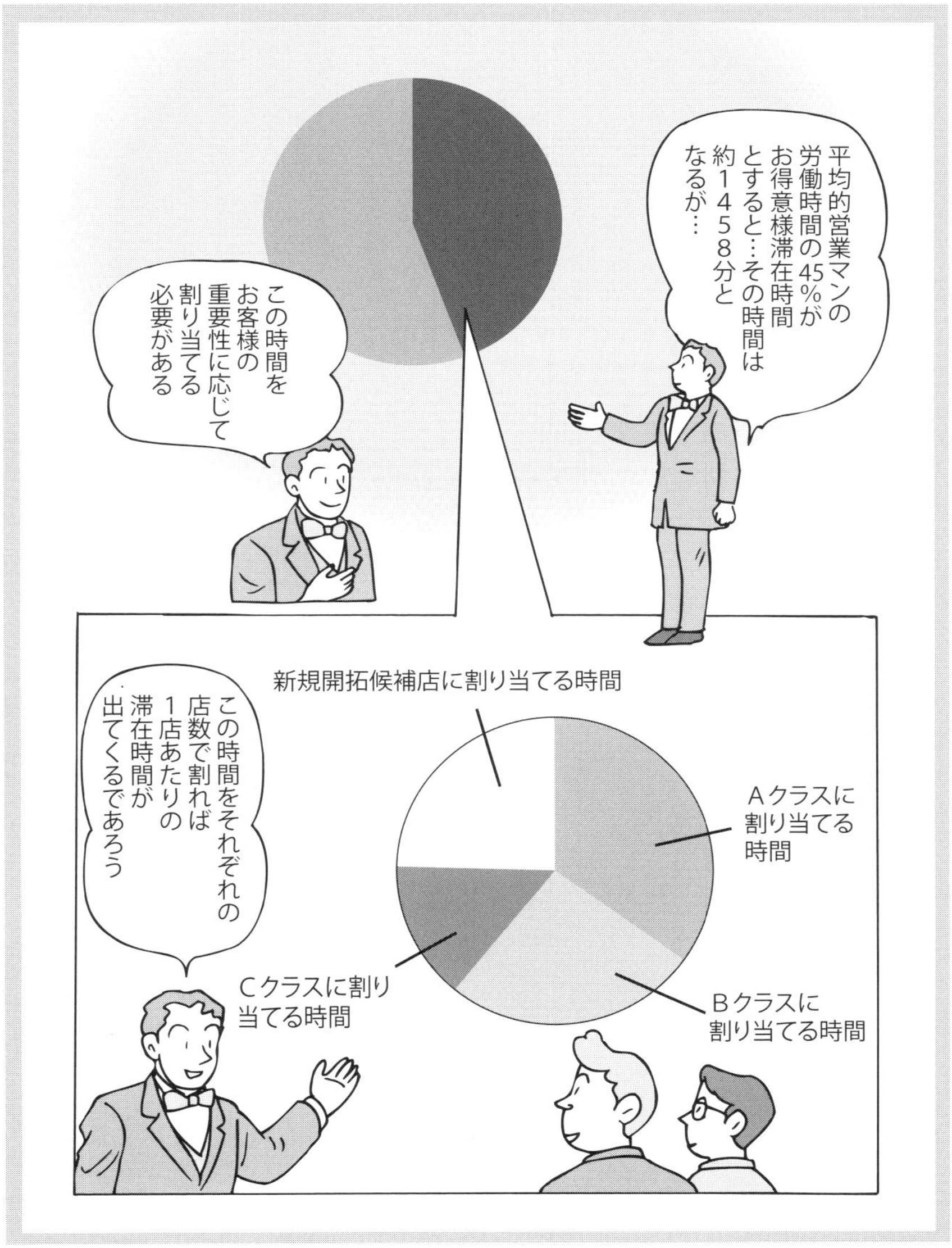

ABC各クラス別に滞在時間を計算・把握することで、効率的な訪問が可能になる。

０８３ マトリックスで得意先をランク分けする

◎得意先全体の売上ランクと自社の取引分

得意先には一定のルールで優先順位を付け、その順で訪問順を決める。ＡＢＣ分析がこの格付けの元になる。全ての得意先を同等に訪問することは、どの企業の営業マンにも難しいだろう。しかも、同等に訪問することが効率的とは言えない。やはり重要な得意先とそれほどでもない取引先では、訪問の仕方を変えるべきだ。

ところが得意先全体のランキングと、自社の取引分のランキングは一致するとは限らない。そこでＡＢＣ分析には二通りのＡＢＣが存在する。

この二つのランキングはどちらか一方が重要ということではない。

当然、得意先の売上だけで行ったランキングは、競合にとっても同じランキングとなり、差別化ができなくなってしまう。

◎売上ランクのマトリックス表を作る

そのため、自社独自の優先順位を付けるために、得意先の売上ランキングと自社の取引分だけのランキングを併用する。

例えば、**得意先の売上高によるランクを大文字のＡＢＣ**とし、**自社製品だけで見た得意先のランクを小文字のａｂｃ**で表し、マトリックス表を作成してみる。組み合わせは３×３で９通りとなる。

仮に取引先全体の売上がＡクラスでかつ、自社製品の売上もａクラスの場合は、マトリックス上ではＡａ型となる。あるいは取引先全体の売上はＢクラスだが、自社製品に関してはａクラスということであれば、マトリックス上はＢａ型になるということだ。

そしてこの九つのバリエーションを大きく三つのグループに分けてみる。重要顧客はマトリックスの左上に集まった「Ａａ、Ａｂ、Ｂａ」のＡグループ。主要貢献ランクはマトリックス上を「／」の形に並んだ「Ａｃ、Ｂｂ、Ｃａ」のＢグループ。最も貢献度が低い顧客はマトリックス右下の「Ｂｃ、Ｃｂ、Ｃｃ」でＣグループとする。

当然Ａグループを優先的に回ることになる。

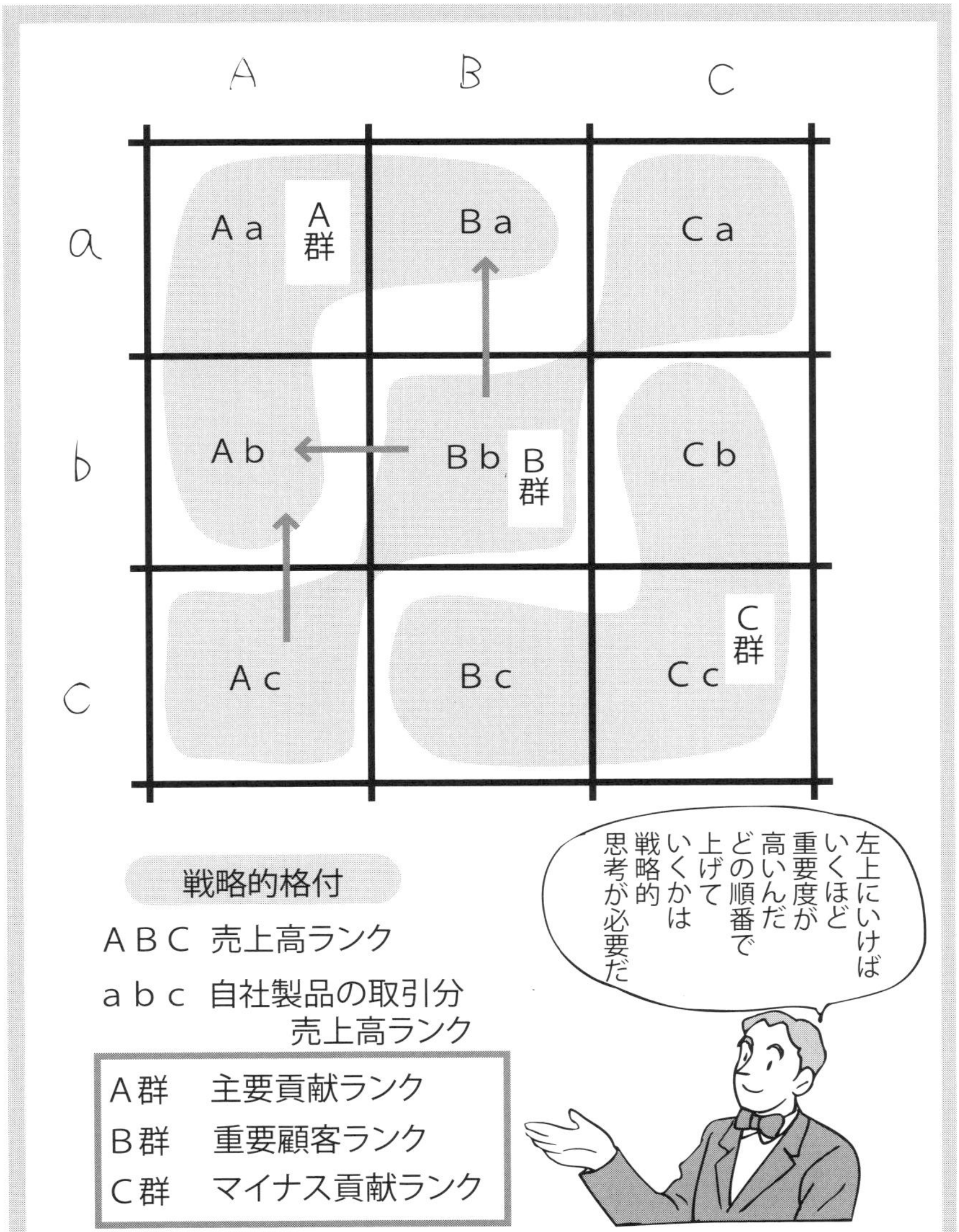

得意先の売上高によるランク（ABC）と、自社製品だけで見た得意先のランク（abc）を組み合わせたマトリックスを作ろう。

084 格付けに応じた訪問回数

◎**ハッピーコールと受注実績の関係**

得意先訪問の順序や滞在時間と同様に、訪問回数にも格付けが必要になる。例えばAクラスの得意先には月に四回訪問するが、Bクラスは二回、Cクラスは一回といった具合だ。

営業の訪問には、必ずしも明確な商談目的が必要な訳ではない。はっきりとした目的は持たずに、顔を見せるだけの挨拶型訪問もある。このような訪問をハッピーコールと呼ぶが、実は受注実績に深い相関関係を持った訪問なのだ。ただ、限られた訪問回数の中でハッピーコールを行える回数はさらに限られてくる。そのため、**ハッピーコールはAクラスを対象にする**ことになる。

一方、集金などの目的が明確な訪問は省くわけにはいかないものなので、Cクラスではこのような訪問のウエイトが大きくなる。

◎**同行販売や同行訪問はAクラスの得意先**

訪問回数に差を付ける第二の理由は、同行販売や同行訪問を行うべき得意先を絞り込むためだ。

営業マンには、上司と同行するケースがある。例えば新製品や高価格の製品を売り出すときや、システムが複雑で説明が必要な場合だ。このような同行販売や同行訪問の相手は、Aクラスの得意先となる。

◎**ロスト顧客を無くすためにも標準化を**

もう一つ、ロスト顧客の問題がある。ABCの格付けを行っても、実際の訪問回数や滞在時間は担当営業マンの能力内で調整する必要がある。

ところが、営業マンも人間である以上、得意先に好き嫌いや相性の良し悪しによる苦手意識を持ってしまうことがある。

その苦手意識が原因で、あれこれ理由を見つけては未訪問期間が長くなってしまう得意先が出てくると、自社が未訪問の間に競合の営業マンにシェアを奪われてしまうことがある。これがロスト顧客だが、このような事態を防ぐためにも、作業の標準化が必要になる。

格付けに応じた訪問回数を設定し、Aクラスの得意先にはハッピーコールや同行訪問などを行おう。

085 クラスごとの滞在時間にメリハリを付ける

◎**Aクラスの得意先に対してほど聞き役に徹する**

得意先のランキングは、滞在時間や訪問回数のウエイト付けにも関係してくる。

例えば、滞在時間のウエイトを、Aクラスでは30分滞在、Bクラスでは20分、Cクラスでは10分などのように、得意先の重要度に合わせて滞在時間を差別化する。

上位のクラスほど滞在時間を増やすのは、**上位の得意先ほど多くの有意義な情報を持っているという**ことがある。そのため、滞在時間を長くして営業マンは聞き役に徹し、より多くの情報を聞きとるようにしなければならない。

◎**得意先の格付けが効率的な時間配分につながる**

もちろん、Aクラスだけが情報を持っている訳ではない。例えばBクラスにおいても、Ac型の得意先とCa型の得意先では持っている情報量や情報の質が異なる。例えばAc型の得意先は、自社製品の取扱量は少なくても、全体の売上が多いことから競合製品やその製品カテゴリー全体の動向に関する情報を多く持っていることが見込める。

そのことから、Aクラス以外でも聞き上手な営業を行う価値がある。

ところが**格付けをしていない営業マンはどの得意先にも同じような滞在時間を費やしてしまったり、逆にあまり有意義な情報を持っていないクラスの得意先に時間を割いてしまったりして、ビジネスチャンスを逃してしまうことになる**のだ。

◎**優秀な営業は滞在時間にメリハリを付けている**

そしてもう一つ、Aクラスの得意先ほど滞在時間を長くする理由がある。

それは、**上位の得意先ほど購買関係者であるキーマンが多い**ということだ。つまり、Aクラスの得意先ほど直接会うべきキーマンが多いということになる。

以上の二点を考慮して得意先の滞在時間にメリハリを付けている営業マンほど優秀だと言える。逆に、得意先を格付けせずに漫然と訪問している営業マンは、差を付けられてしまうのだ。

Aクラスの得意先には滞在時間を多くとり、聞き役に徹して有意義な情報を得ることに徹しよう。

第9章

新規開拓の攻略法

086

売上金額で見えなくなる新規開拓の必要性

◎成熟市場における新規開拓とは

得意先の新規開拓の重要度は、成熟市場で販売実績を上げるためにはますます高まっている。

同時に、新規開拓が困難になってくるのも成熟市場の特徴だ。見込み客が減少する成熟市場の特徴として、**製品の普及率が60％以上になっている**ということがある。

つまり、この状態で新規開拓をするということは、競合他社の得意先を奪取することを意味する。

このことを得意先の立場から見れば、取引先を変更することになる。ところが取引先の変更というものは、積極的になれないものだ。なぜなら、人間は保守的であり、習慣を変えることに抵抗を感じやすいためだ。

◎新規開拓のためのローラー調査

もう一つ、**営業マン個人の努力だけでは新規開拓の対象を探し出すことが難しくなっている**、ということも新規開拓が困難な理由だ。

ただでさえ負荷が増えている営業マンに、新規開拓用の顧客リストを作成させるのは難しい。

そのために、ローラー調査を行って特定の地域での取引実態や商品別の取扱高の実態を調査する必要がある。

そして新規開拓が難しくなってきている三つ目の理由は、**好況期を体験した営業マンが先輩や上司になっている**ことだ。彼らが成績を伸ばした時代には、新規開拓をしなくても向こうから注文があったため、新規開拓への必要性をあまり感じておらず、また新規開拓のスキルも持っていないことが多い。

◎売上金額だけで評価する落とし穴

このように好況だったときに業績を上げて固定客を掴んだ営業マンたちは、数字だけは上げることができているために営業成績が高く評価されてしまう。

つまり、結果主義で評価してしまっている会社や組織では、先輩営業マンや上司が新規開拓の必然性を感じにくく、その結果、新規開拓のスキルも継承されないという落とし穴があるのだ。

成熟市場で販売実績を上げるために新規開拓の重要度はますます高まっているが、同時に新規開拓の難易度も増している。

087 強者と弱者の新規開拓の違い

◎強者の新規開拓は規模の大きな得意先を狙う

成熟市場における新規開拓とは競合他社の取引先を奪取することであり、「狙い撃ち」こそが効率的な方法となる。

ただし、強者と弱者では、狙い撃ちの標的の決め方が異なってくる。

強者は併売店や規模の大きい得意先を狙う「確率戦」で戦うべきである。併売店や規模の大きな得意先で戦えば確率戦となりやすく、強者には有利になる。

特に強者に有利なのは、機械などの高額な商品を購入するときだ。このような場合は検討対象の企業が多くなるため、強者にとって有利になる。検討対象の企業が多くなるほど迷いが生じるため、結局は実績が多く知名度が高い強者が選ばれる傾向があるためだ。

◎弱者の新規開拓は一匹狼的な得意先を狙う

一方、**弱者が狙い撃ちをする場合は、横のつながりが少ない一匹狼的な得意先やオンリー店を狙うべき**だ。

つまり、一騎打ち型の戦いという弱者の戦略をとるのである。したがって、併売店は確率戦になってしまうため、弱者が狙い撃ちにするには向いていない。

それに比べてオンリー店が弱者の新規開拓に向いている理由には次のようなことがある。

- オンリー店に対しては、従来の取引先は既に自社のオンリー点であるため営業が訪れる頻度も下がっており、警戒心が薄い。
- 一社からしか情報が入ってこないオンリー店は、弱いために陽動作戦を行いやすい。
- オンリー店は一社の取引先のことしか知らないため、常に他社のことが気になり良さそうに見えている可能性がある。そのため、従来の取引先に対して不満を持っていることも多い。

以上の様に、独立性の強いオンリー店には弱者の戦略が適用しやすい条件が揃っていると言える。

新規開拓の方法は強者と弱者で違う。強者は併売店や規模の大きい得意先、弱者は一匹狼的な得意先やオンリー店を狙う。

088

新規開拓は四回目の訪問で見極める

◎新規開拓は「四回訪問の原則」で判断する

どんな顧客であっても、新規開拓訪問では最低四回訪問してから見込みが有るかどうかを判断するべきであるという、**「四回訪問の原則」**がある。

四回の訪問で、相手には次のような対応の変化が生じると考えられているためだ。

- **一回目の訪問では、拒絶する。**聞いたこともない会社からの売り込みなので当然だ。
- **二回目の訪問でも拒絶する。**これは、既に取引している会社があることが理由になる。
- **三回目の訪問では、困惑する。**拒絶しているにもこだわらず、訪問が続いているためだ。
- **四回目の訪問では相手の対応に見込みがあるかどうかが表れる。**ここでようやく判断する。

つまり、二回目までは拒絶し、三回目で本音が語られ、四回目でようやく見込みがあるかどうかを判断できる対応をされるということだ。

◎あきらめないけどしつこくないのが四回目

そもそも、新規開拓では未知の企業からやってきた営業マンを相手にするのであるから、拒絶することは当然だ。その確率は80％とも言われている。一回や二回の訪問で相手の警戒心を解くことは難しく、また自分のことを信頼させることにも無理がある。

このことが分かれば、四回目の訪問をするまでに見込みの有るなしを判断することがいかに短絡的か分かる。

新規開拓で実績を上げられない営業マンは、相手は初めて登場した営業マンには警戒するものだという相手の心理を忘れてしまっている。そのために、一回〜三回の訪問の間に「見込みがない」と判断してしまうのだ。

それでは、相手が取引に応じてくれるまで粘れば良いのかというとそのようなことはない。見込みがないところに通い続けても、時間と労力の無駄になるためだ。その労力と時間は、まだ見込みがあるかもしれない相手に向けるべきである。その意味でも、**注文が取れるピークが四回目か五回目の訪問であることを意識しておく必要がある。**

四回訪問の原則

新規開拓には「四回訪問の原則」がある。注文が取れるピークは四回目か五回目の訪問であることを意識しよう。

089 自分を印象付ける三つの方法

◎初回訪問ではマナーを重視して信頼関係を築く

新規開拓のために訪問した際、どのように振る舞えば効果的なのだろうか。ここでは三つのテクニックを紹介したい。

まず、相手に好印象を与えることが受注に結びつきやすいことは当然である。どのように熱意や誠意、商品の良さを伝えるかが大事だとは言え、最低限のビジネスマナーは心得ておきたいところだ。特に信頼関係は取引をする上で絶対条件だが、**営業マンとの信頼関係の50%は営業マンのマナーによるもの**だとされている。

◎相手に強く印象付ける三つの方法

しかし、基本的なビジネスマナーを押さえておくだけでは、競合他社の営業マンとの差別化ができない。そこで三つのテクニックとして「低圧法」「高圧法」「八方破れ」を紹介する。

一つ目は最もよく使われるテクニックの**「低圧法」**だ。これは、基本的なマナーを踏まえた上で、**ひたすら低姿勢で「買って下さい」と訴える方法**である。

◎難攻不落の相手が揺れる意外な方法

二つ目の**「高圧法」**は、使い方を間違えると逆効果なため、十分に注意して使わなければならない。この方法は文字通り**高圧的な態度でセールスする方法**だ。

例えば相手が「買う気はない」などと断ったときに、「業界の流れに乗り遅れてしまいますね」や「御社には無理でしたか」などと不安にさせる方法だ。

この方法は、自社の製品に圧倒的な自信を持っていることを示して差別化する方法だが、タイミングや相手の性格を見誤ると、逆効果になる。しかし、正攻法で落とせなかった相手にとっては効果的なことがある。

そして三つ目の**「八方破れ」**は、**奇をてらって相手に「意外性」を印象づけることで他の競合たちより印象を強く与える方法**だ。あくまでマナーを踏まえて的確に商品の良さも説明できた上で、癖のあるファッションやヘアスタイル、あるいは独特な話し方で印象付けるというものだ。

相手に強く印象付ける方法に、「低圧法」「高圧法」「八方破れ」の３つがある。ただし、最低限のビジネスマナーが必須だ。

090

目的を変える二回目と三回目の訪問

◎**二回目の訪問で情報を引き出す**

相手にどれくらい**強く印象付ける**ことができるかが一回目の訪問の目的になる。その目的を達せられたら、**15分くらいの目安で早めに切り上げる。**

そして二回目の訪問目的は**情報収集**である。ただし、二回目は居留守を使われることが多い。しかし、そこであきらめずに、代理で対応してくれた受付や秘書、あるいは部下などからできるだけ情報を引き出すことだ。特に月商や競合関係、他社の営業の動向、そして決裁権を持っているキーマンについてなどである。

◎**聞き上手になるコツ**

営業マンは聞き上手にならなければ、相手の情報を聞き出すことができない。そこで、聞き上手になるためのコツを紹介する。

- 相手から学ぶつもりで熱心に耳を傾けること
- 話に応じて感心したり相手を褒めたりすること
- 重要なポイントは直接聞かずに世間話の合間に何気なく探ること
- 自分は語らずに質問を多くして相手に語らせること
- 相手の話の腰を折らず、話が詰まったら助け船を出すこと
- 社会人としての話題を用意しておくこと

なお、**二回目も20分以内と短めの滞在を心がける**ことだ。

◎**三回目は四回目につなげることを考える**

新規開拓の訪問では、二回目までは建前で断ってくるが、三回目になるといよいよ本音で断ってくる。そのため、この**三回目が山場**となる。

原則として、相手が本音をぶつけてきたら、こちらも本音で対応することだ。その際、自信を持って商談に臨むことである。

ただし、**競合企業や競合商品の悪口は言わないこと**だ。あくまで誠意を持って対応し、次の四回目につなげられると判断した段階で、執拗に粘ることは止めた方が良い。

一回目の訪問で強く印象づけ、二回目の訪問で情報収集をし、三回目で本音を対応する。三回目が山場だ。

091 ハッピーコールの重要性

◎三回目からキーマンが出てくる

キーマンとなる人物が登場する可能性が高いのが三回目の訪問時だ。これは、本音で断るためである。しかし、その一方で、こちらの本音にも耳を傾けてくれることが多い。キーマンが本音で断りに出てきている以上、頭ごなしの態度ではない可能性がある。

そして四回目は、初回訪問時からの情報も踏まえた上で、いよいよ見込みの有るなしを判断する。

見込みが有れば訪問を続け、なければ潔く撤退することが肝心だ。

◎売り込みをしないハッピーコールとは

ところで、四回目に見込みが有ると判断しても、すぐに取引が始まるとは限らない。そこに、ハッピーコールの重要性がある。

訪問は目的別に、大まかに五つに分類される。

・ニューコールという飛び込み訪問
・リピートコールと呼ばれる見込み客への繰り返し訪問

・サービスコールと呼ばれるサービスのための訪問
・コレクトコールと呼ばれる集金の訪問
・ハッピーコールと呼ばれる挨拶型訪問

ハッピーコールではセールス色を出してはいけない。あくまで近くまで来たついでに立ち寄った風に訪ねるのだ。つまり不意打ち訪問である。しかし、こちら側はしっかり相手の都合を調べた上で訪問している。

◎ハッピーコールでできること

セールス色を出さないハッピーコールだが、なにかしらPRはしておく。また、相手の状況に変化がないか探ることも必要だ。

近年、このような遠回り的な訪問であるハッピーコールが重視されるようになったのは、どの企業も簡単に決済が下りなくなり、購入決定に時間がかかるようになったためだ。そのため、直接商談をしないこのような訪問が決済に影響を与えるようになってきた。

セールス色を出さないハッピーコールによる不意打ち訪問を上手に使って、さりげないPRをしたり相手の状況を探ろう。

092

ナンバーワンを落とせなかったときの裏技

◎新規開拓の裏技はナンバーツーを攻める

既に新規開拓における正攻法については説明してきた。

しかし、新規開拓には、裏技が必要な場面にも遭遇する。正攻法がうまくいかないときは、すぐにあきらめるのではなく搦《から》め手で攻めることも試すべきだ。

その裏技の一つが**ナンバーツー攻撃法**だ。文字通りナンバーツーの人物にアプローチする方法だ。

これは**ナンバーワンである社長や店主・店長などを攻めても落とせなかったときに試す方法**になる。文字通り、ナンバーツーの地位にある人物を攻めるのである。

◎ナンバーツー攻略の有効性

それではナンバーツーとは誰か。

企業には3タイプのナンバーツーがいる。番頭格、女房役、後継者などと呼ばれる人達で、企業での肩書きとしては副社長、専務、常務であり、販売店であれば一番番頭格の従業員、店主婦人、息子などがこれにあたる。

ナンバーツーには、それぞれ仕入れ先やブランドが紐付いていることが多いが、そこが狙い目になる。

◎ナンバーツー攻略の基本は「持ち上げる」

ナンバーツーを攻める理由は、ナンバーツーが将来のナンバーワンになる可能性が大きいため、ナンバーツー同士の仲が良くないことが多いことだ。また、ナンバーツーはナンバーワンに対してコンプレックスを持っているため、表向きはどうあれ、内心ナンバーワンに対して反発する傾向がある。

これらのことから、ナンバーツーを攻めるときには、必ず一人ひとりを攻めねばならないし、ナンバーワンが同席しているときは避けなければならない。

そして、攻め方の基本は、ナンバーツーならではのコンプレックスをくすぐることである。すなわち、持ち上げるのだ。例えば「この会社は常務あってこそうまくいっているんですよね」「専務がいなければ、ここまで成長しなかったと言われていますよ」などと、歯が浮くような言葉だが、効果的だ。

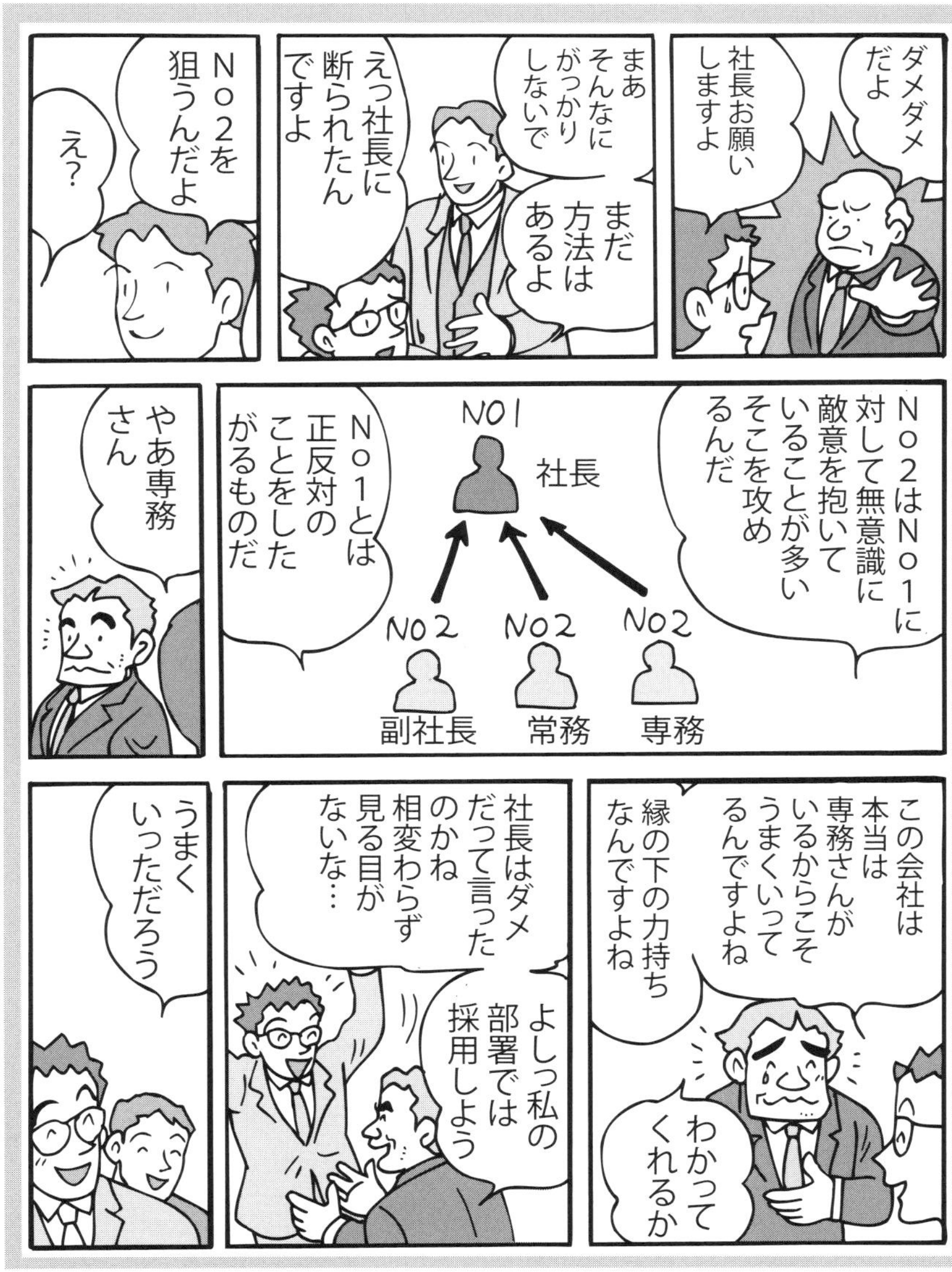

新規開拓で会社のナンバーワンが落とせない場合でも、ナンバーツーを攻略すれば新規取引につながる場合がある。

093

ハッピーコールと同行販売の合わせ技

◎ハッピーコールは同行販売が効果的

近年、企業における決済には時間がかかるようになってきた。そのため、受注できるのかどうか、営業は長い期間先が見えない状況に置かれるため、新規開拓においてはハッピーコールの効果を重視するようになってきた。

本来、ハッピーコールは地位が高い者が行うほど効果的だ。相手は、より地位が高い人物が訪ねてくることで、自分が重視されていると感じるためだ。そのため、**営業マンがハッピーコールを行う際は、上司に同行してもらう同行販売としての要素を加味するとより効果的になる。**

◎同行販売では上司は出しゃばらない

ただし、同行販売においては地位の高い者が出しゃばることは避けなければならない。

上長が業績を上げようと躍起になって商談をまとめてしまうと、本来の担当者であった営業マンの手柄を横取りした形になってしまう。これでは営業マンの士気が下がってしまうのだ。

また、営業マンを支援するつもりでも、地位の高い者が具体的な商談にあまり口出ししてはいけない。もしも、既に営業マンが話していたことと異なる話をしてしまったら、相手の信頼を損ねるためだ。その上営業マンの顔を潰してしまいかねない。しかも、場合によっては大きな値引きのきっかけを作られてしまう。

◎同行販売は日頃の情報共有が大切

同行した地位の高い者は、本来の担当である営業マンを差し置いて余計な口出しをするよりは、「御社には、弊社の営業部の中でも特に優秀な部下を担当に付けているので、是非安心してお任せいただきたい」といった主旨のことで営業マンを持ち上げ、そのことで間接的に相手を重視していることを伝える方が良い。

同行販売の効果を高めるためには、日頃から上司と部下のコミュニケーションを密にしておく必要がある。

ハッピーコールは地位が高い者が行うほど、自分が重視されていると相手に感じさせる。上司との同行販売に使おう。

第10章

営業マンのやる気を高める

094

販売割当は科学的に割り出す

◎目標を曖昧にすると精神論になってしまう

企業には社会的な役割もあるが、その本質は利潤追求体である。売上を上げなければ利潤は上がらない。そのため、常に売上が経費を上回っていなければ経営が成り立たない。

そのことから、企業には売上目標が必要となる。そして全体の売上目標を達成するために各営業所や販売所ごとの売上目標が何％必要だという目標が設定される。

ところが「できるだけ頑張れ」といった精神論が全面に打ち出されて売上目標設定が曖昧になってしまうと、業績の評価が前年比何割増といった、たまたま出た結果論になってしまう。

◎達成率で業績を評価する弊害

業績の評価が前年比になってしまうと、各支店や営業所は、業績が高く評価されやすいように、できるだけ現在の販売割り当て目標値を低く抑えようとしてしまう。

本来販売割り当ては、確実に１００％達成できる額を科学的に割り出したものであり、業績評価を目的にしたものではない。販売実績を計画に近づけるための戦略の一環なのだ。

◎ボギーシステムの二つの狙い

ボギーシステムは、地域販売割当を科学的に決めるシステムである。このシステムには二つの特徴がある。

一つは販売割り当ての決定に、営業活動に携わる全員の意見が反映されるということだ。販売割り当ての案を現場の営業マンが出し、それを営業所長、支店長、本社営業部、そしてトップというようにボトムアップで調整されていく。そして最終案が決定されると、逆の順に伝えられて現場に降りてくる。

そしてもう一つの特徴は、「できるだけ頑張れ」といった精神論ではなく、営業マンの人員数とエリア内で可能な訪問回数と滞在時間から「できるはず」の目標として設定されるために、１００％達成しなければならないということだ。

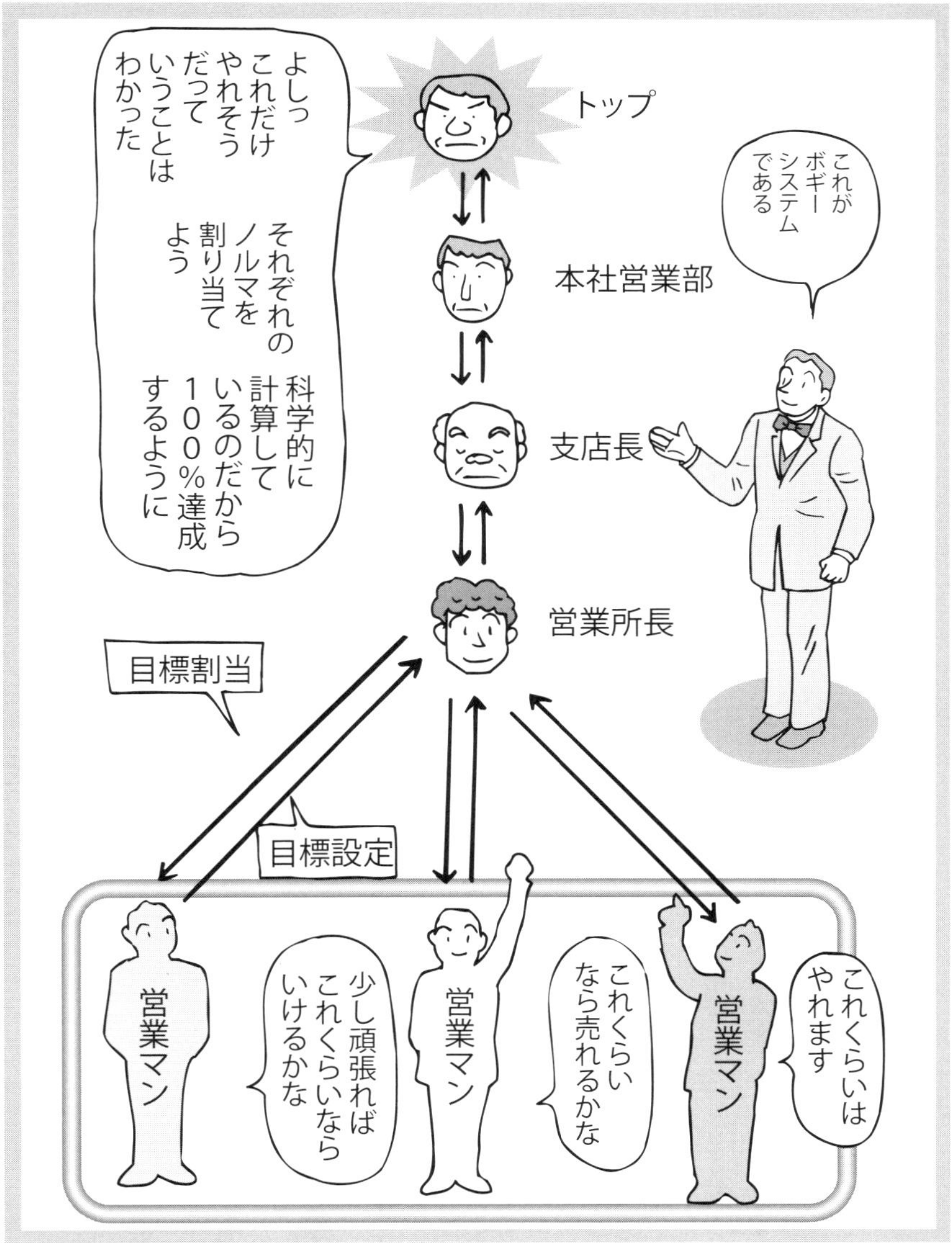

「できるだけ頑張れ」といった曖昧な精神論が全面に打ち出された目標設定ではなく、「できるはず」の目標として設定する。

095 販売予測と実績の誤差を縮める

◎ボギーシステムが機能しにくい訳

販売割当にボギーシステムを採用している企業は我が国にも多いのだが、うまく機能しているところは少ないようだ。それは、ボギーシステムで現場の営業マンから上げられる目標と、最終案としてトップから戻ってくる目標額が異なるためだ。

つまり、個々の営業マンが目標とする数字の合計が、必ずしも経営計画の元になる総売上計画と同じになるとは限らないということだ。

◎目標設定には科学的根拠が必要

往々にして、個々の営業マンが設定する目標は、会社が望んでいる目標より低くなる傾向がある。特にその傾向は、不況のときに顕著になるのだ。しかし、そのような営業マンの目標に合わせて会社の目標を設定していては、あっという間に会社は赤字になってしまう。

そこで、会社としては当然下から上がってきた数字に修正を加えることになる。

ところが、この修正に営業マンが納得できる科学的な根拠が伴っていないことが多いのだ。そのため、調整がうまく行かない。

販売割当額は各営業所や支店の状況に応じて、科学的に設定されなければならない。

◎販売予測と実績の誤差を少なくするポイント

それではどのような点に考慮すれば良いのだろうか。当然ながら、営業マンの数に比例して売上の可能性が決まってくる。

販売割当は、営業マンの過去の実績をもとに、誤差の少ない販売予測を立てる。そのために次の点に考慮するのだ。

- **販売予測の期間**
- **景気変動による影響**
- **営業マンの実績の評価**
- **営業マンの実績に「ツキ」によるものがどのくらいあるか**
- **今後期待できる営業マンの改善の程度**

販売割当は、営業マンの過去の実績や景気変動による影響、今後期待できる改善の程度などを考慮して誤差を少なくする。

096 販売割当には地域性を反映させる

◎**地域別指標には地域性を考慮する**

地域別指標とは、支店別の販売割当を算出するときの基本的な算定基準である。これは、県全体や数県にまたがる広大な地域を管轄しているのが一般的な支店であると前提していることによる。

例えば都会と過疎地帯では、たとえ面積が同じだとしても各地域性を無視し販売割当を設定する訳にはいかない。また、地域をストックで見るのかフローで見るのかということも地域指標では問題になる。

例えば、東京地区に全国の事業所の22％が集中している場合、ある企業がそれらの事業所を対象にしているのであれば、東京地区の割当指数は22％となる。

◎**成熟社会では販売割当をフローで見る**

ところが、これをフローで見た場合、22％の事業所の営業所得金が全国の40％が集中したものであるならば、販売割当の基準はこの40％にすべきだとも考えられるのだ。

しかも成熟社会では一般的にフローを重視する。特に強者の企業が重視すべきはフローの大きさになる。

◎**大商圏の販売割当を上げるべき特殊な理由**

また、大都市と地方都市、都市部と山間部では商品の売れ行きが異なることは明らかだ。このことも考慮して販売割当を設定しなければならない。

例えば50万商圏と呼ばれるような大商圏には販売割当を上げるべき理由があり、それは同時に行政単位で地域を区切ってはならない理由でもある。

一つは、都市には昼間と夜の人口差があることだ。大都市の傾向として、周辺の小さい商圏を吸収してしまうことがある。このことは販売上のツキが集まりやすいとも言える。そのために販売割当を上げるべきなのだ。

もう一つは、車の登録地と実際に稼働している地域には差があるといった車の移動の問題がある。当然、稼働台数が多い方が需要も多くなる。

支店別の販売割当を算出するときには、大都市と地方都市、都市部と山間部といった地域性を考慮し、数字に反映させる。

097 四つの指標で評価の見える化を

◎営業マンの業績を評価する四つの指標

営業マンを評価するには、単純に売上額で評価するのではなく、次の四つの指標で評価すべきだ。

まず、売上高の増加率、受注額の増加率、受注件数の増加率、粗利益の伸び率で評価する**「成長性指標」**。

次に、販売計画達成率や代金回収達成率で評価する**「安定性指標」**。

そして得意先の新規開拓件数や新製品の実績、新規加入者の数など、従来の実績や取引数に対して新規に増やしたものに関する実績を評価する**「開拓性指標」**。

これは増加率ではなく、新規開拓した得意先の数や新製品の実績、新規の加入者数などの実数で表すことが多い。

四つ目に経費節減をどれほど進めたか、営業費用の効率的な活用にどれほど貢献したかなどで評価する**「経済性指標」**がある。

◎営業マンの優秀さはレーダーチャートに表れる

これら四つの指標は、レーダーチャートで表すと見える化できる。

レーダーチャートを作成する際、それぞれ対にして配置しなければならないのは、成長性指標と安定性指標、開拓性指標と経済性指標だ。これらはお互いに二律背反関係にあるためだ。

そしてレーダーチャートには、過去の実績の平均値を内側に、過去の実績の最大値を外側に二つの同心円状の円が描かれる。

このレーダーチャートの二重の円が正円に近ければ近いほど計画的で自己管理がしっかりしている優秀な営業マンであることを表している。

しかし、実際には歪みが生じやすい。特に二律背反関係にある成長性指標と安定性指標、開拓性指標と経済性指標はどちらか一方が大きく、もう一方が小さくなりがちだ。

そのように、二重の円の形がジグザグになるほど、その営業マンは無計画で無策、そして無改善な営業マンであることを表している。

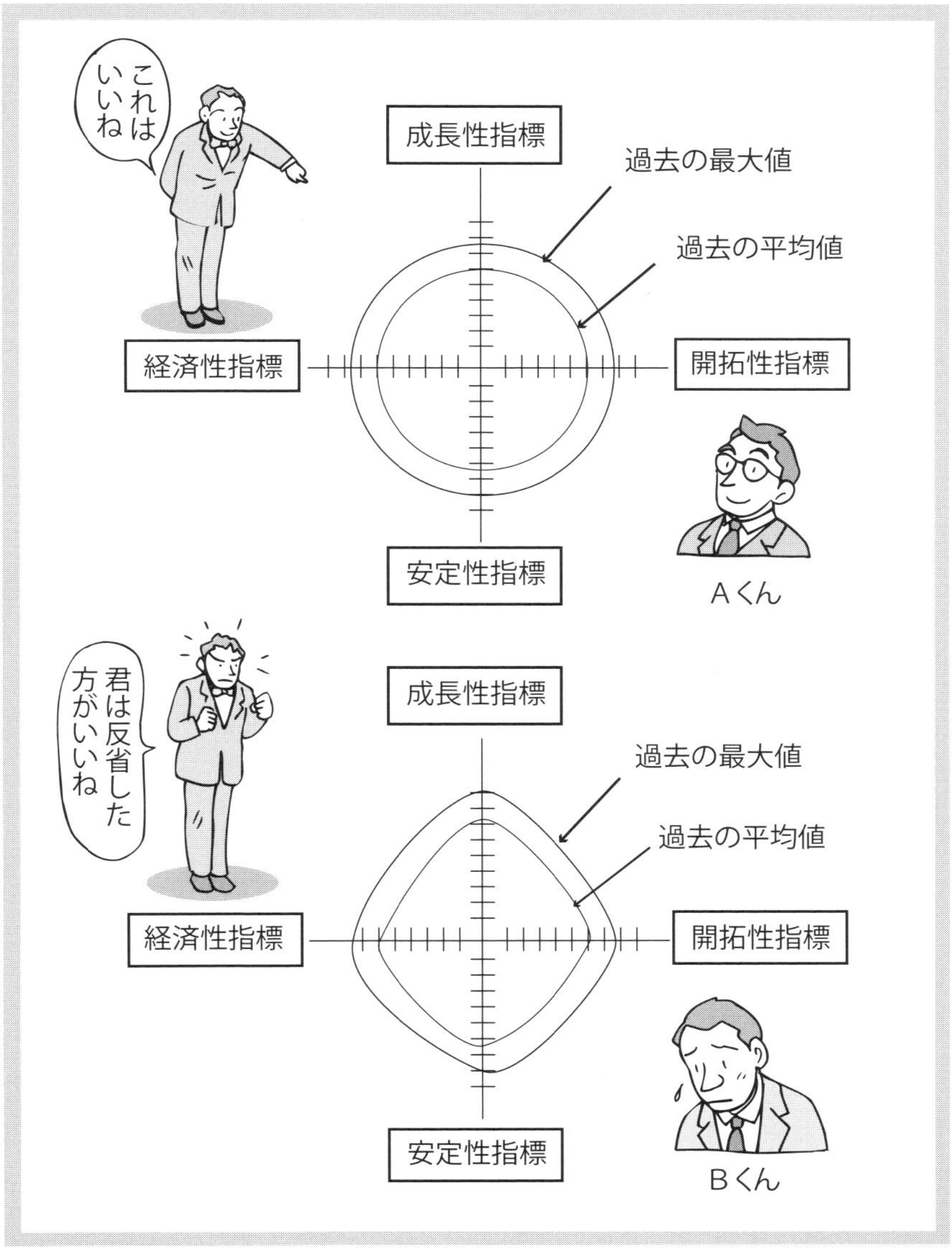

営業マンの業績評価には、「成長性指標」「安定性指標」「開拓性指標」「経済性指標」の四つを使って見える化する。

098 計数化できない評価に注意

◎業績評価における計数主義の欠点

成長性指標、安定性指標、開拓性指標、経済性指標の四つの指標をレーダーチャートにして評価する方法は、営業マンの評価方法としてはポピュラーだ。しかしこの評価法は業績の結果だけを見ていることに変わりはない。

このようないわゆる業績を数値化した計数主義はポイントシステムと呼ばれるものだが、二つの大きな欠点がある。

一つは、**営業マンがこれらの指標を意識した行動をとるようになってしまう**ということだ。その結果営業マンは**個性を活かした大胆な行動がとれなくなる。**

例えば経済性指標を意識すれば新規開拓をしなくなり、営業経費を節減するために行動範囲が狭くなる。

各指標のウエイト付けは企業や組織ごとに変わってくるとはいえ、このようなマイナス面もあることは知っておくべきだ。

◎計数化できない営業マンの評価

もう一つの問題点は、**営業マンの特性や創意工夫への意****欲を、計数主義による管理法は殺してしまう可能性がある**ということだ。

営業マンの評価には、計数化できないものも多くある。例えば販売技術や経験年数、モラールや適正などの様々な要素が一人の営業マンを創り上げているのだ。これらの計数化できない部分も、評価できるようにしなければならない。

◎業績評価の不完全主義が営業マンの救い

これらの計数化できない部分を含めた評価方法を、業績評価の不完全主義と呼ぶ。一方、計数化できる部分で評価する方法は業績主義の完全主義と呼ぶ。

これらの計数化できない部分は、全体の評価の15〜20%程度を占めていると考えられるが、この部分が評価されることが営業マンの精神面での救いになっているのだということを、評価者はしっかりと理解しておく必要がある。

計数化は万能ではない。指標を意識しすぎた行動をとったり、営業マンの特性や創意工夫への意欲を殺してしまうこともある。

099

フルコミッションとハウスセールス

◎日本では一般的ではないフルコミッション

業績に対する報酬制度が営業マンのやる気を左右する。したがって、給料に評価を反映させる際には、誰もが納得できる公平性を持たせることが理想的だ。科学性のある反映システムがあれば､営業マンのやる気は向上するだろう。

コミッションシステムは営業マンへの報酬で採用される仕組みの一つだ。ただしバリエーションがあり、報酬の全てをコミッションにして固定給を含まないフルコミッション（特殊コミッション）という方式がある。

ただし、フルコミッションは日本ではうまく機能しないとされ、一般的ではない。

◎フルコミッションが難しい三つの理由

日本でフルコミッションがうまく機能しない理由は主に三つある。

一つは、日本の営業マンはリスクよりも安定性を好むため、要求水準があまり高くないということがある。

二つ目に、営業マンの質のばらつきが大きく、教育制度が不備なことがある。そのため、全体の業績の底上げをするというフルコミッションの成果が期待できないことだ。

三つ目は、フルコミッション制度は成長期の商品を扱う場合には機能しやすいが、成熟社会では適していないということがある。

◎コミッションと固定給のバランス

一方、フルコミッションに対してハウスセールスという報酬制度がある。

これは固定給＋手当という内訳で、業績に対する報酬はボーナスに反映される。

ハウスセールスにおいては固定給部分を大きくすれば会社への忠誠心が強くなるが、一方で競争心や向上心が弱くなる。逆にコミッションの割合を大きくすると、会社への忠誠心が薄れてしまうのだ。

そのため、固定給とコミッションの割合をどうするかは常に悩みどころとなる。

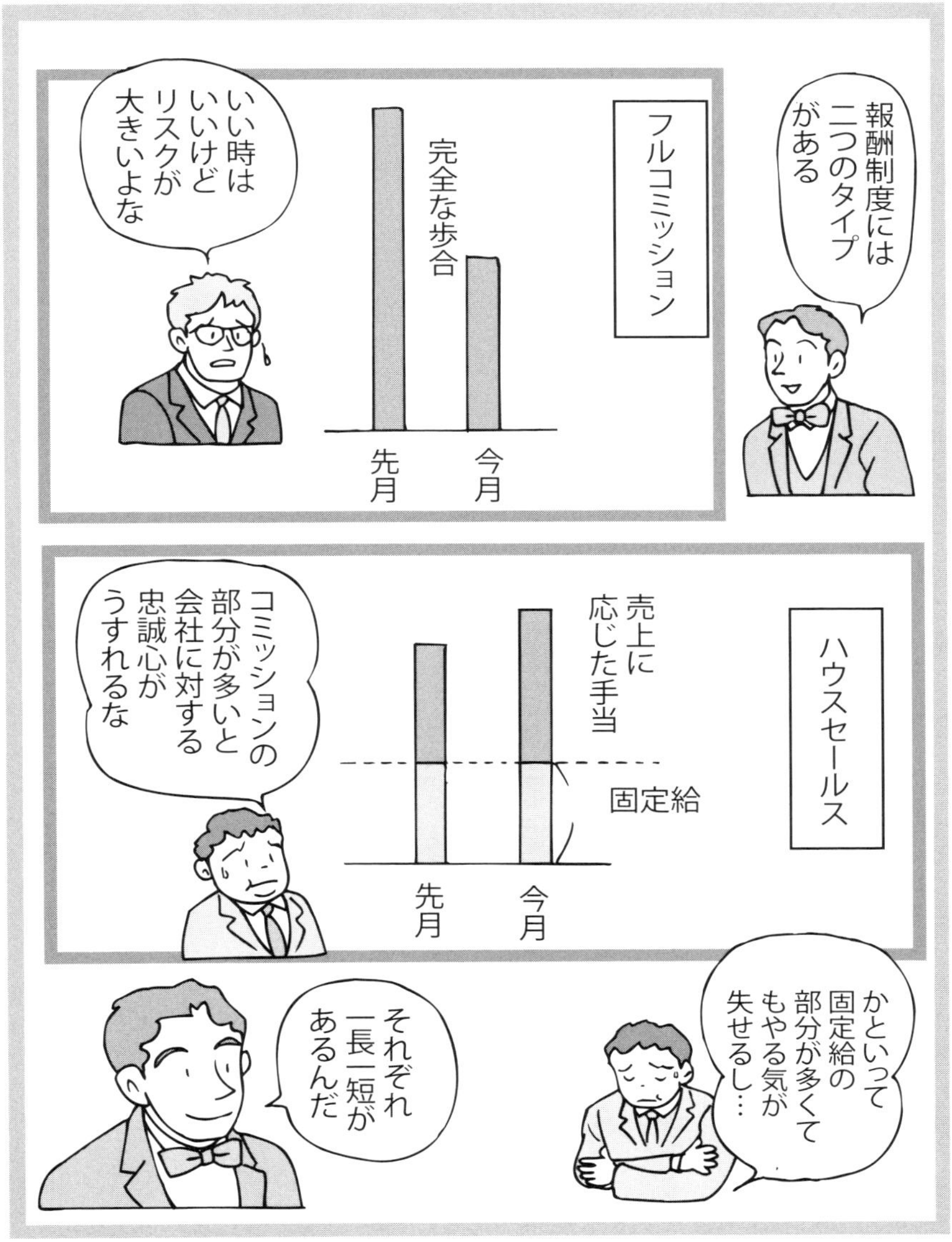

営業マンのやる気は報酬制度で左右される。固定給とコミッションの割合をどうするかは常に悩みどころとなる。

100 マネジャーが注意すべき営業マンの不満

◎マネジャーに対する部下からの不満

マネジャーの業務の4割は、部下を激励して動機付けすることだ。マネジャーのあるべき姿は、営業マンの不満を知ることで見えてくる。

営業マンのマネジャーへの主な不満には次のようなものがある。

一つ目は**マネジャーの不在の多さ**だ。営業マンにとっては価格や取引条件など上司に決済が必要なときにマネジャーが不在では不安な時間を過ごすことになる。マネジャーは、自らの時間管理に注力しなければならない。

二つ目に、**会議の多さ**がある。戦略のない企業ほど、あるいは戦略のないマネジャーほどやたらと会議を開きたがるものだ。

三つ目に、マネジャーが**質問に答えられない**というものがある。これは、マネジャーが現場の仕事を熟知していないことから、その指導力や判断力が当てにならないことを示している。

四つ目に、**部下がやるべき作業を横取りしている**ということがある。本来部下に任せれば良い作業をマネジャーが抱え、肝心のマネジメント業務が疎かになっていることへの不満だ。

五つ目に、**報告業務ばかり増やしている**ことだ。営業日報だけでなく内部報告制度を複雑にし、報告内容の項目を次々と増やしてしまうマネジャーに限って、それらの報告を活かせていないことが多い。また、雑務を増やして営業本来の仕事の邪魔をしているような状態になっている。

◎営業マンのやる気を引き出す八つのポイント

マネジャーが最初に行うべきは、営業マンの動機付けを向上させるものが何であるかを押さえることだ。例えば次の項目は最低限押さえておくべきだろう。

職場の雰囲気作り。作業環境の整備・維持。職場の人間関係を良好に保つこと。納得できる賃金の調整。仕事の満足感を得られる仕組み作り。相応しい肩書きの付与。社長に目をかけられていること。私生活への配慮。

これらに注意を払うことがマネジャーの第一歩だ。

マネジャーの業務の４割は、部下を激励して動機付けすること。まずは営業マンの不満を理解しよう。

第11章

インターネット時代のランチェスター戦略

101

インターネットのランチェスター戦略

近年はインターネットが普及したことで様々なビジネスモデルが変化を強いられることになった。

このような時代の変化においても、ランチェスター戦略は有効なのだろうか。ネット上で弱者がランチェスター戦略を活用するには次の考え方が重要になる。

◎局地戦

Ａｍａｚｏｎや楽天のように、あらゆるカテゴリーであらゆる消費者を対象としている強者には、弱者である小さなネットショップは太刀打ちできない。しかし、特定の狭い層だけをターゲットにすることで勝てる場合がある。

◎一騎打ち

大手の多商品に対抗するため、弱者は1カテゴリーや1商品に絞って一騎打ちに持ち込む必要がある。

また、オウンドメディアを立ち上げてＳＥＯ対策を施すと共に、情報発信により顧客との信頼感や親近感を醸成するのだ。

◎一点集中

あらゆる販売サイトを検索できるネットは、それ自体が巨大なショッピングモールの様相を呈している。そこで弱者は、ショッピングモールの中の個性的な専門店として、狭く深いこだわりの店として勝負しなければならない。

◎接近戦

マスメディア上では接近戦が苦手だった大手でも、ネット上ではビッグデータを活用したレコメンド機能などを使うことで、個々のユーザーに最適化されたきめ細やかな接近戦を展開できるようになった。

ビッグデータやＡＩに投資できない弱者は、泥臭い人力作戦でさらなる接近戦に出る。ＳＮＳでユーザーに役立つ情報を発信してユーザーとの信頼感や親近感を醸成するのだ。

それでは、インターネット時代のランチェスター戦略について、より詳しく見ていきたい。

インターネット上における戦い方も、弱者は「局地戦」「一騎打ち」「一点集中」「接近戦」を意識しよう。

102 ネット上の局地戦で勝負する

◎狭いジャンルで一番になる

インターネット黎明期にはＷｅｂサイトで集客することが容易だった。しかし、あらゆる企業が自社のＷｅｂサイトを持てる時代になると、競合他社が増加してホームページでの集客が難しくなってきた。Ｗｅｂサイトの運営においてもマーケティング力が必要な時代になったのだ。

ここでランチェスター戦略の局地戦で戦うことが、Ｗｅｂマーケティングにおいても有効になる。**Ｗｅｂ上の局地戦とは、狭いジャンルで一番になることだ。「○○のことなら□□社」という評判をネット上で勝ちとるのだ。**

◎インターネットこそローカルに効果がある

具体的な例として、事業承継コンサルティングの分野で戦う場合、全国をフィールドにしては大手に負けてしまう。そこで、次のように局地戦に持ち込むのだ。

「ホテルの事業承継のお悩みなら○○コンサルティング社」

「千葉県での事業継承のお悩みなら○○コンサルティング社」

これらを組み合わせるとさらに局地戦に持ち込める。

「千葉県でホテルの事業承継にお悩みなら○○コンサルティング社」

このように絞り込んでいけば、特定のユーザーにとってはこのコンサルティング会社が全国のコンサルティング会社の中から浮かび上がってくる。

千葉県内でホテルの経営をしていて事業承継のことで悩んでいる社長であれば、検索キーワードに「千葉県　ホテル　事業承継」と入力する可能性が高いのだ。その結果ヒットした会社であれば、もはや選択肢が限られてくるため迷いがなくなる。「どうせ相談するなら、地域のことや業界のことに詳しいこのコンサルティング会社が頼れそうだ」と判断するはずだ。

インターネットはグローバルな展開に役立つインフラだと考えてしまいがちだが、実はローカルにこそ力を発揮する時代になっている。

ネット上の局地戦では、「○○のことなら□□社」という評判を得ること。ネットはローカルにこそ力を発揮するツールだ。

103 ネット上でも一騎打ちに持ち込む

◎**確率戦に引き込まれない**

弱者はネット上でも一騎打ち戦で勝負する必要がある。ランチェスター第一法則にのっとって、一対一で強者と戦う戦略をとるのだ。決して第二法則の確率戦に引き込まれてはならない。

強者は特定の市場や商品に集中することなく、あらゆるジャンルの市場で多品種を展開して顧客を囲い込もうとする。

しかも類似の商品ごとに微妙な違いを持つラインナップで確率戦に持ち込んでくる。

◎**弱者は絞り込む**

そこで**弱者の戦略では、特定のジャンルに絞り込んだ専門店型のネットショップを立ち上げ、しかもショップが厳選した少品種に絞り込んで、これらの魅力を徹底的に打ち出してアピールする**という手法を採用する。

つまり、当店が厳選した結果、これこそが良い商品です、と訪問者の選択肢を減らすことで、迷いをなくさせるのだ。

しかも、厳選された商品については、きめ細やかな紹介を行うことで、店側が本当に惚れ込んで絶対の自信を持って勧めているという姿勢が訪問者に伝わるようにする。

◎**商品にストーリーを持たせる**

例えば果物の専門店として、信頼できる産地だけから直送された、厳選された果物を期間限定で販売する。この期間ならこの産地の、さらに○○農園の○○メロンがお勧めだとするのだ。

しかも、店主みずからがその味に感動して、わざわざ○○農園まで出向いて特別にネットで販売する許可をもらったなどのストーリーも紹介する。

そのことで、訪問者はその店や商品のファンとなるのだ。

弱者があれもこれもと品揃えを増やし始めると、気付いたときには確率戦に引き込まれており、強者に太刀打ちできない土俵で戦っていることになってしまう。

ネット上の一騎打ち戦では、専門性をアピールし、少品種に絞り込んだ品揃えを勝負する。

104 一点集中で突出する

◎資本力に物を言わせる強者の戦法

強者がインターネットを利用して個客を掴もうとすると き、巨大な網を投げこむようにして、ネット上のあらゆる属性の利用者を取り込もうとする。そのための大がかりなマーケティング費用を投じる体力があるためだ。

逆に言えば、それほど多くの客を捕まえなければ、巨体を維持できないという必要に迫られた戦略でもある。

◎弱者は尖った専門店を目指す

しかし弱者は、そもそもそれほど多くの顧客を必要としていないので、巨大な網を使わずに、槍を使って魚を捕らえるようにして、確実に一人ずつの顧客を掴めれば事業を継続できるだろう。

そこで品揃えも絞り込んで、**特定のジャンルなら大手には負けない知識と商品選択力があることをアピール**し、いわゆる尖った専門店を目指すべきだ。

例えばアクセサリーを売るにしても、イヤリング専門店を目指したり、蝶をモチーフにしたアクセサリーだけを扱ったりする。あるいは、大手には卸していない自家製のオリジナルアクセサリーだけを販売するなどだ。

他にも、店長自らが、定期的に訪れるイタリアの特定の工房でしか作られていないオリジナルアクセサリーを、日本ではこの店だけが特別に販売許可をもらって販売しているなどという売り方も適している。

◎顧客に選択の余地がない商品で勝負する

つまり、こだわりの店を全面に打ち出すのだ。このことで、**大手のECサイトでは手に入れることができないニッチな商品を販売する**のである。

しかも、このようなオリジナル商品で勝負できれば、大手との価格競争とも無縁になる。**多少相場よりも高い値段が付いていても、ここでしか手に入れることができないのであれば、顧客に選択の余地はない。**

これがインターネット上での一点集中となる。

弱者は特定のジャンルに絞り込んで専門性と商品選択力をアピールし、他では手に入らない商品を販売する。

105

Ｗｅｂにおける武器の性能と兵力の数とは何か

◎武器の性能はコンテンツの品質

ランチェスターの法則では、**戦闘力＝武器の性能×兵力の数**であるとしている。それではＷｅｂ上での武器の性能や兵力の数とは何だろうか。

まず、**武器の性能とは、コンテンツの品質**である。内容が薄い、あるいはどこにでもあるような内容の記事では、ＳＥＯ的にも検索エンジンに評価されにくいし、たとえ訪問者が訪れたとしても、すぐに他のサイトに移動してしまい、滞在時間が短くなってしまう。

しかし、訪問者の役に立つ、あるいは楽しませることができる内容の濃いオリジナリティーのあるコンテンツが用意されていれば、検索エンジンの評価が高まり検索でもヒットしやすくなるだけでなく、訪問者の滞在時間が長くなる。またファンとして取り込むことができれば、他のコンテンツも閲覧してくれる可能性が高まる。

◎兵力の数はコンテンツの量

ここで兵力の数が重要になってくる。**Ｗｅｂ上での兵力の数とは、コンテンツの量**になる。

コンテンツの量が多いことはＳＥＯ的にも評価されるだけでなく、訪問者の滞在時間を長くし、リピート率を高めることになる。

これらの武器の性能と兵力の数を共に押さえられないと、戦闘力が弱くなるのだ。

したがって、コンテンツを用意する際に、クラウドソーシングなどを利用してアマチュアライターに低単価の記事を大量に書かせるという作戦は好ましくない。やはり高単価で信頼できるライターや専門家に高品質の記事を書いてもらうことを積み重ねていく方が、コンテンツが蓄積された時に戦闘力が高まるのだ。

ただし、この方法ではコンテンツ作成に予算を確保できる強者が有利になる。そこで弱者は、戦闘力を局所に集中させるために、**ニッチなジャンルで尖ったコンテンツを用意して局地戦に持ち込む**という戦略をとることが有効になる。

コンテンツの品質を高め、量を増やすことで、戦闘力が高まる。
ニッチなジャンルで尖ったコンテンツを用意しよう。

106 Ｗｅｂにおいても強者の裏をかく

◎強者の戦い方を知る

弱者がＷｅｂで強者に対抗するためには、強者の戦術を知っておく必要がある。

強者は資本力があるため、多くのライターに大量の記事を書かせることができる。その結果、短期間で大きなメディアを創り上げることができる。また、広告費も投入できるため、リスティング広告やコンテンツ連動型広告あるいはバナー広告などで大量のアクセスを集めることもできる。

このようにして強者が行う戦い方と、それに対する弱者の戦い方を考えてみよう。

◎範囲の広さ

強者のＷｅｂコンテンツは、全国に向けて作られる。そのため、検索にヒットさせようとするキーワードも「経営コンサルタント」などのビッグキーワードに対するＳＥＯを施した豊富なコンテンツを用意してくる。

これに対して弱者のＷｅｂコンテンツは、**ターゲットを絞り込む**。検索キーワードも「神奈川県　横須賀市　飲食店　経営　コンサルティング」などと組み合わせるのだ。

◎距離感

強者は顧客との距離感に無関係なマーケティングを展開する。つまり、遠距離の顧客にも訴求する力を持っているのだ。それは、ネット広告に巨額の費用を投じることができるためだ。

一方、弱者は接近戦で戦わねばならないため、ネット広告でもキーワードを共起語（合わせて使われることが多い単語）の多いニッチなターゲットに絞り込み、必要最小限の広告費で賄えるように工夫したり、ＳＮＳやブログなどで直接ターゲットと接点を持つようにするといいだろう。

◎市場

強者は競合の多い市場で確率戦を行い、市場を独占しようとする。そのような市場は弱者にとっては既にレッドオーシャンであり避けなければならない。**弱者は強者が見逃しているニッチな市場で戦わなければならない**のだ。

競合が多いレッドオーシャンは避け、強者が見逃しているニッチな市場で戦うようにする。

107 ネット上でも接近戦に持ち込む

◎強者は大きな母体を集められる

小さなネットショップや個人が運営するショップがネット上で利益を上げるためには、弱者の接近戦を行う必要がある。

ネット上での接近戦とは、敵である強者に接近するのではなく、**一人ひとりの顧客に接近する**ことを示す。

強者はWebマーケティングに巨額の費用を投入することができるため、SEOを施した大量のコンテンツと大きな広告費による各種インターネット広告を使って大量のアクセスを獲得しようとする。

そのアクセスの数パーセントがメルマガに登録したり無料レポートをダウンロードしたりするなどして、見込み客として残るのだ。

さらにその見込み客の中の数パーセントが商品を購入するといった戦術を行うことができる。

つまり、母体を大きくするために大きな予算を活用できるのだ。

◎弱者は顧客密着型の販売を行う

一方、予算のない弱者は、はじめから大きな母体を集めることが難しい。

そこで、**SNSやブログといった双方向性を確保できるメディアを利用して、少ない母体ではあるけれども、直接一人ひとりの顧客とコミュニケーションをとりながらファンになってもらうという戦術をとる**ことになる。

この手法は、費用は抑えられるが、人力でこまめに対応する必要がある。そのため、取り込める顧客の数には限界があるが、根強いファンを育てやすいという長所もある。

◎根強いファンが拡散してくれる

また、根強いファンが、SNSやブログで情報を拡散してくれて、そこから新たなファンを集められるという草の根作戦的な効果もある。

さらに、定期的にオフ会を催すなど顧客密着型のイベントを行うなどして顧客を取り込むことも接近戦となる。

ネット上での接近戦とは、顧客一人ひとりに接近することを意味する。コミュニケーションを密に根強いファンを育てる。

108 ネット上の奇襲とは

◎弱者は強者に発見されると潰される

弱者がビッグキーワードを狙っても、強者が資金を投入してSEOを施して手に入れた地位を狙うことは難しい。

仮に、ビッグキーワードで検索上位を取れたとしても、その途端に弱者の存在が強者に知られ、ミートされてしまう。

これをかわすために、弱者はニッチな検索キーワードで勝負するが、これも上位にヒットするようになると、やはり発見されて潰されてしまう可能性が高い。

そこで、**強者が注目していなかったロングテールのキーワードを積み重ねる**という戦術がある。これが、ネット上での奇襲に当たる。

◎密かにロングテールキーワードを積み重ねる

ロングテールキーワードは検索者が少ないために強者が取り上げないで放置されているが、長期にわたって一定数の検索（需要）があるキーワードだ。

このキーワードなら上位を狙いやすいし、上位を取れたとしても強者が気付かない。

そこで、このロングテールキーワードを一つずつ攻略していき、Ｗｅｂサイトへのアクセスを増やしていく。これをＷｅｂ業界では、ドメインパワーが付くと言う。

◎突如浮上する弱者

こうしてアクセスの大きなＷｅｂサイトを育て上げて、**強者のビッグワードに負けないアクセスを稼げるようになる。**

例えば「ビジネスシューズ」はビッグキーワードなので強者には勝てないが、密かに育ててきたロングテールキーワードの「就活　牛革　防水　メンズ」をビッグキーワードに組み合わせて

「ビジネスシューズ　就活　牛革　防水メンズ」

では上位に登場するというイメージだ。

すると、強者からは突然見知らぬ相手がランキング上位に浮上してきて驚くが、潰し方が分からない状態になる。

ロングテールキーワードを積み重ねることで、ビッグキーワードに負けないアクセスを稼げるようになる。

著者
田岡佳子（たおか・けいこ）
ランチェスター協会名誉会長。
株式会社ランチェスターシステムズ代表取締役。
大阪府生まれ。大谷学園卒業後、日本女子大学文学部通信教育科に学ぶ。昭和 59 年ランチェスターシステムズの創始者である夫の田岡信夫の死去にともない、経営コンサルティング会社を解散。61 年周囲の勧めにより会社を再興。平成 7 年ランチェスター協会を設立。名誉会長として現在に至る。

決定版　ランチェスター戦略がマンガで 3 時間でマスターできる本
2019 年 4 月 19 日 初版発行
2023 年 9 月 13 日 第 16 刷発行

著者　田岡佳子
発行者　石野栄一
発行　明日香出版社
〒 112-0005 東京都文京区水道 2-11-5
電話 03-5395-7650
https://www.asuka-g.co.jp
印刷　美研プリンティング株式会社
製本　根本製本株式会社

ISBN 978-4-7569-2027-0

社員ゼロ！ 会社は１人で経営しなさい

山本 憲明

社員を雇わずに１人で経営し、成功するための方法を税理士の視点からまとめた一冊。

会社を大きくせず、１人で経営することのメリットとメソッドがわかります。

無理のない経営法や、先を見通した経営計画の立て方、心得を具体的に解説します。

本体価格 1500 円＋税 B6 並製 208 ページ
ISBN978-4-7569-1935-9 2017/11 発行

ひとり社長の稼ぎ方・仕事のやり方

一圓 克彦

さまざまな会社を立ち上げてきた著者が、失敗談をふまえて、ひとり社長がとるべき行動や事業のはじめ方を丁寧に解説。

これまで７つの業種を経験してきた著者ならではの具体的な事例が満載。

失敗談も赤裸々に語り、どのようにすれば、「ひとり社長として稼いでいけるか」がわかります。

本体価格 1500 円＋税 B6 並製 256 ページ
ISBN978-4-7569-2019-5 2019/03 発行

起業を考えたら必ず読む本

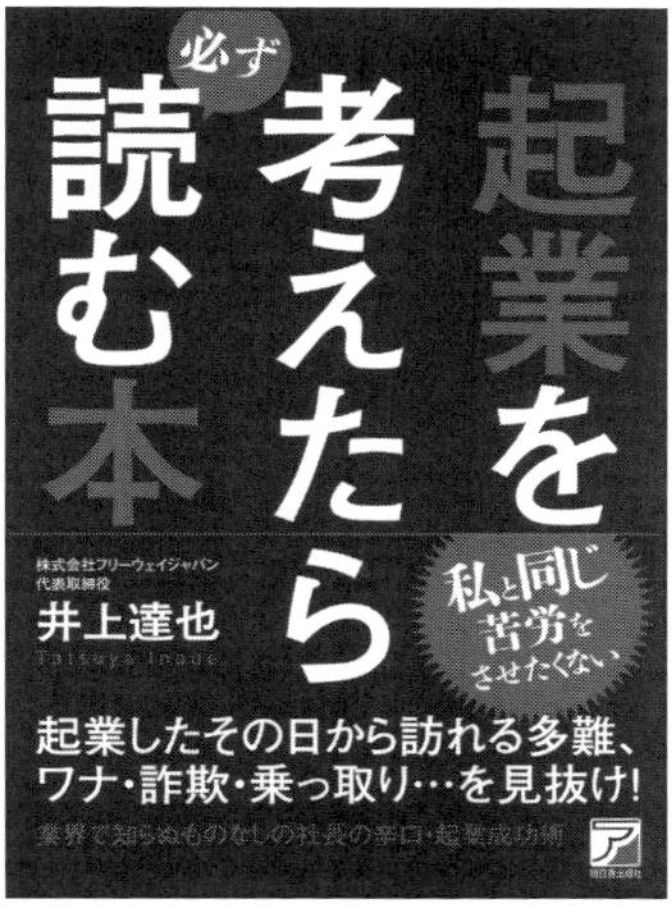

井上　達也

創業25年、徒手空拳で会社をイチから大きくし、時に辛酸をなめ、強くしてきたからこそ書ける起業のアドバイス。

起業を思い立ったらやること、今働いている会社を辞める前にやること、成功するために心に刻んでおきたいことなどを、具体的に解説します。

コンサルタントには書けない力強さがあふれる一冊。

本体価格 1500円+税　B6並製　248ページ
ISBN978-4-7569-1855-0　2016/09発行

会社に雇われずにフリーで働く！と決めたら読む本

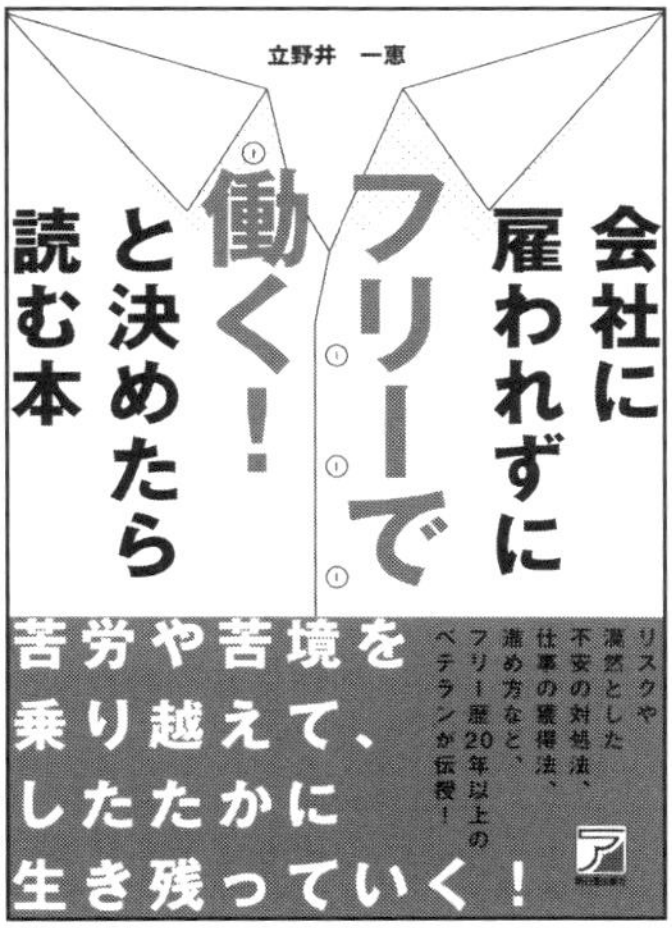

立野井　一恵

独立してみたいものの、厳しいフリーランスの世界をどう生き残っていったらいいのか、そもそも、フリーになるとどうなるのか？

そういった疑問を、フリーランス歴20年の著者がやさしく解説。

「リスク回避」「お金の管理」「営業・ブランディング」「仕事のシフト化」などを紹介する。

本体価格 1500円+税　B6並製　216ページ
ISBN978-4-7569-1950-2　2018/02発行

営業の鬼 100 則

早川　勝

30 年の間、業界トップクラスのプレイヤー＆マネジャーとして現場主義を徹底して貫き、数千人のデータをもとに編み出してきた門外不出の“営業の鬼の鉄則”を公開した一冊。
お客さまの前でひたすらペコペコしたり、「買ってください」とお願いするスタイルから卒業できる具体的な方法満載。

本体価格 1500 円＋税　B6 並製　232 ページ
ISBN978-4-7569-1989-2　2018/09 発行

部長の一流、二流、三流

志倉　康之

部長として一流の人、二流の人、三流の人を比較しながら、適性と役割を学べる一冊。
部長としてどんな意識を持っていればいいのか、部下・上司とどう接し育成すればいいのか、経営的な発想を身につけるにはどうすればいいのか、そんな疑問や悩みを解決することができます。

本体価格 1500 円＋税　B6 並製　224 ページ
ISBN978-4-7569-2018-8　2019/03 発行